Björn Kuhligk
Kurzstrecke

Björn Kuhligk

Kurzstrecke

Neue Berliner Szenen

Quintus

Der Quintus-Verlag ist ein Imprint des
Verlages für Berlin-Brandenburg
Mehr unter: www.quintus-verlag.de

1. Auflage 2020
© Verlag für Berlin-Brandenburg, Inh. André Förster
Binzstraße 19, D–13189 Berlin
Umschlagvorderseite: Bahnhof Berlin Ostkreuz, Foto von
Jens Gloßmann, Juli 2019
Satz und Gestaltung: Ralph Gabriel, Berlin
Druck und Bindung: Art-Druk, Szczecin

ISBN 978-3-947215-74-4

Inhalt

9 Männer

11 Internet

13 Haare

15 Kneipe

17 Springbrunnen

19 Sí, sí, claro

21 Paletten

23 5 Zimmer

27 Oper

29 Scheinwerfer

31 Zurück in den Schnee

33 Ziegenkäse

35 Regen

37 Schaukel

41 Pflaumen

43 Hund

45 Polizei

47 Achtzigster Geburtstag

49 Nach rechts, nach links!

53 Flohmarkt

55 Nackenhaare

57 Morgenzigarette

59 Marzahn

61 Flieder

63 Bäckerei

65 Verlassene Orte

69 Punkte

71 Plötzensee

73 Radio

75 Teneriffa

77 Kastanien

79 Schönes Dorf

86 Koks

88 Abgießen

90 Freitag

92 Bürgermeister

94 Fontane

102 Zentralrat

104 Badehose

106 Arbeit

108 Slam

118 Bruno

120 Gästeblock

122 Schatzsuche

130 Zeit

132 Bier

134 Arzt

136 Klassentreffen

145 Adorno

147 Bonnies Ranch

149 Lesereise

158 Dank

159 Der Autor

Für Christine

Männer

Sie läuft auf Krücken und trägt einen grellen orangenen Schal. Auf der Hertha BSC-Schirmmütze steckt eine Ray-Ban-Sonnenbrille. In der Hand hält sie einen Jutebeutel, auf dem ein gebrochenes Herz abgebildet ist. Es ist Sonntag in Lankwitz, und das bedeutet, dass in Lankwitz nicht viel los ist. Wir stehen nebeneinander an der Bushaltestelle und beobachten eine Weile drei vielleicht zwölfjährige Jungs auf der anderen Straßenseite, die so cool sein wollen, dass sie sich kaum bewegen können. Als dann dem kleinsten von ihnen die Langeweile zu viel wird und er dem größten in den Hintern tritt, beginnt eine Verfolgungsjagd, die aus unserem Blickfeld herausführt. Dann kehrt Stille ein.

„Na?", sagt die Frau.

„Na?", sage ich.

Ihre Gesichtshaut sieht aus wie eine Kneipentapete.

„Hab ick mir dit Been jebrochen!"

Sie zeigt auf die Krücken.

„Im Nilpferd, weeßte?"

„Nee", sage ich.

„Nilpferd, 'ne Kneipe. Ick sitz am Tresen, ne alte Frau wie icke sollte ooch nich mehr am Tresen sitzen, weeß ick, aba man lebt ja nur eenmal! Da hab ick zu viel jetütert, bin ick halt vom Schemel jefall'n und dann Krankenhaus und so, zwee Monate, Mann, Mann, da saß ick erst ma uff'm Trocknen, war ja ooch jut. Dit jeht ja nich so weita!"

„Und jetzt?", frage ich.

„Hermann besucht!"

„Wer ist Hermann?"

Hermann, so erzählt sie, sei der Hausmeister des Hauses, in dem ihr letzter Lebensgefährte gewohnt habe, und als der gestorben sei, haben sie zusammen die Wohnung ausgeräumt, und dann habe sie sich eben den Hermann genommen.

„Nich eenmal!", ihre Stimme schrammt ab, sie zieht die Nase hoch, „nich eenmal hat der mich im Krankenhaus besucht!"

Wir sehen einander an, sie zuckt mit den Schultern, zieht die Nase kraus und zieht wieder hoch. Ich berühre sie an der Schulter.

„Lass ma, kannste ja nüscht für!", sagt sie. „Aba du bist ooch 'n Mann, ihr könnt dit irgendwie nich!"

Internet

Das Internet funktioniert nicht mehr, auch das Telefon bleibt stumm. Für die Kinder ist das ein Zustand, der sich kurz vor der globalen Katastrophe befindet. C. ruft von ihrem Handy bei dem Anbieter an, wird in die Warteschleife gestellt, und weil sie gerade das aufwendige Abendessen zubereitet und Gemüse kleinschneidet, stellt sie das Handy auf laut, und so hören wir, während wir uns unterhalten und C. das Gemüse schneidet, die Warteschleifenmusik, die sich kurz vor der globalen Katastrophe befindet. Nach ein paar Minuten sagt eine Stimme: „Zurzeit sind alle Kundenberater in einem Gespräch." Ich sage, es gebe sicherlich nur einen und der mache gerade Zigarettenpause. Nach weiteren Minuten sagt dieselbe Stimme: „Möchten Sie mit einem Berater über Ihre Störung sprechen?", und C., die sich beruflich mit menschlichen Störungen beschäftigt, sieht ihr Handy an. Nach vielen weiteren Minuten knackt es in der Leitung. „Müller, Technischer Dienst!", meldet sich eine Stimme, die sicherlich zu Müller gehört. Müller hört sich an wie einer, der was von Technik versteht. C. legt blitzschnell das Messer beiseite, greift nach dem Geschirrtuch, wischt ihre Hände daran ab, reißt das Handy hoch und drückt auf „Auflegen". Wir sehen uns beide verdutzt an, rufen gleichzeitig „Nein!", dann wählt C. die Nummer noch mal, und als wir die Warteschleifenmusik hören, sagt sie: „Irgendwie würde mir unsere Wohnung kalt vorkommen ohne diese Melodie."

Neulich hing ich in der Warteschleife einer Oper und die Bläser dröhnten laut, böse und wummernd durch das Telefon, was bei dem, was eine Oper anbietet, sicherlich keine gute Werbung ist, doch dauerte es zum Glück nur ein paar Minuten. Nach einer Viertelstunde wieder das Knacken. „Müller, Technischer Dienst!" Müller ist Profi, Müller regelt die Sache. Erst erlöst er uns von der Musik, dann die Kinder.

Haare

Ich habe den Moment verpasst. Als meine Haare keine Frisur mehr waren, sondern nur noch wuchsen und länger wurden, hatte ich entweder keine Zeit oder keine Lust, zum Friseur zu gehen. Als ich mir dann auch noch einen Bart wachsen ließ, um das, was oberhalb der Augen entstand, durch ein visuelles Etwas auszugleichen, lief alles komplett aus dem Ruder. Auch der Bart wuchs. Irgendwann hatte ich genug und machte einen Termin beim Friseur aus, der natürlich nicht sofort und auf der Stelle sein konnte, wie es hin und wieder möglich ist, sondern erst eine Woche später. Alles wuchs weiter.

An dem Abend vor dem ersehnten Wechsel meiner Persönlichkeit traf ich M. und S. in einer Kneipe. Irgendwann sagte S., dass meine Haare ganz schön lang seien, und ich erzählte den beiden, dass ich am nächsten Tag zum Friseur ginge. S. sagte, sie habe neulich im Radio ein Interview mit einem Biologen gehört, der sagte, dass mit der Existenz des gemeinen männlichen Hipsters, der schließlich überzeugter Bartträger sei, sich auch die gemeine Filzlaus wieder in unseren Gefilden angesiedelt habe.

Am nächsten Tag verlasse ich erst die Wohnung ohne Bart und dann den Friseurladen mit kurzen Haaren. Ich merke den Winter, es ist kalt am Kopf. Ich fahre mit dem Fahrrad zum Schülerladen und hole die Tochter ab. Sie rennt mit ihren Freundinnen vor dem Laden auf und ab und tut so, als würde sie mich nicht sehen. Als ich sie rufe, kommt sie und sagt: „Du warst beim Friseur."

„Ja", sage ich.

„Du siehst nicht mehr so alt aus."

Ich lache kurz auf. Das Angeln nach Komplimenten bei dem eigenen Nachwuchs ist so ziemlich das Allerletzte, und doch frage ich: „Sehe ich jetzt jung aus?"

Die Tochter sieht mich prüfend an und sagt: „Jünger! Jung würde ich nicht sagen."

Kneipe

Sie sitzen zu dritt an einem der Tische.

„Norwejen? Find ick nich jut. Is mir zu kalt. Wär ick in Norwejen jebor'n, wär ick als Baby ausjewandert."

Die Frau grinst. Ein Gesicht, dem man ansieht, dass unter dessen Kinder-Oberfläche etwas implodiert und nicht wieder zusammengewachsen ist. Ihr fehlt der rechte Schneidezahn. Zu ihren Füßen schlafen zwei Hunde, denen man im Dunkeln nicht begegnen möchte. Sie bemerkt, wie ich ihre Hunde beobachte.

„Jut, wa?"

Ich nicke.

„Unsre Pitbulls können den Weg nach Hause automatisch!"

Ich sage: „Nicht schlecht!", weil nicht schlecht nicht gleich gut ist, aber auch irgendwie komplett egal.

In der Ecke stehen zwei Geldautomaten, sechs karierte Tischdecken liegen auf den sechs Tischen. Hinter dem Tresen steht ein Mann um die fünfzig, der aussieht wie einer, dessen Job beschissen ist, der das weiß und ihn noch weitere zwanzig Jahre machen wird. Neben der Frau sitzen zwei Männer. Einer, der nichts sagt, nur hin und wieder an seinem Bier nippt. Dabei hat er eine Mimik, als hätte er gerade Anschiss kassiert, weil er Milch holen war und vergessen hatte, das Wechselgeld mitzunehmen. Der andere Mann, eine grobschlächtige Gestalt, sagt: „Wenn die Kneipe hier nich mehr ist, spar ich Unmengen an Geld, dann kauf ich mir da drüben auf dem Friedhof so 'ne Hütte, so 'n Mausoleum, das ist gut, da sitz ich dann mit meinen Kumpels und trink Bier, und wenn Schluss ist, muss ich nur nach hinten kippen, und ihr schließt alle ab. Und wenn ihr vorbeikommt, schüttet ihr zwischen den Stäben 'ne Pulle Köpi rin."

Er hält inne, ruft dann laut „So!" und nimmt einen großen Schluck Bier.

„Wer ‚so' sagt, is noch lange nich fertig!", sagt die Frau.

Der Mann setzt sein Glas ab und sagt: „Wo hast'n dit her?"

„Von meene Oma, die war ooch so wie icke!"

Der, der nichts sagt, trinkt sein Bier aus, stellt das Glas ab und streckt seine rechte Hand in die Luft. Der Mann hinter dem Tresen beginnt zu zapfen.

Springbrunnen

„2 Milliarden Tonnen. So viel wiegt Berlin – ohne Einwohner." So titelt eine Boulevard-Zeitung. Aber was gehört alles
zu Berlin? Wo fängt die Stadt an und wo hört sie auf? Ich
bringe mit der Tochter den Sohn zum Sporttraining. Wir
betreten die Halle und er sagt, wir sollen jetzt gehen und
lieber kurz vor dem Ende des Trainings wiederkommen, das
sei interessanter, sie würden jetzt eh nur Aufwärmübungen
machen. Die Tochter zieht mich in die Richtung, in der sie
die Eisdiele vermutet. Auf dem nahe gelegenen Platz steht
ein Springbrunnen, aus dem Wasser in einer Fontäne Richtung Schöneberger Firmament schießt. Die Tochter steht
fasziniert davor, und ich denke, ja klar, ich komme aus einer
Zeit, in der aus allen Springbrunnen Wasser kam und stehe
nun in einer Zeit, in der die meisten Springbrunnen tro-
ckengelegt sind, Angestellte Mitarbeiter heißen und jeder
Idiot das Weltgeschehen in Echtzeit kommentieren kann.
Ein Mann mit weit geöffnetem Mund kommt auf uns zu. Er
hat einen goldenen Schneidezahn. Es ist sein einziger Zahn.
Er zwinkert uns zu. Er zwinkert so oft und schnell, dass es
ein Tick sein könnte. Kurz bevor er uns erreicht, legt er
seinen Kopf in den Nacken. Es ist ein Tick, der ganze Typ
ist ein Tick. Wir, sein Publikum, sind nun bei ihm, und er
sagt, mit weiterhin zum Firmament gerecktem Kopf: „Gute
Anordnung! Saubere Architektur! Sauber! Sauber! So etwas
Schönes habe ich schon lange nicht mehr gesehen!" Meint
er den Himmel, den Platz, seine Gedanken? Ich wünsche
ihm einen guten Tag, die Tochter sagt: „Tschüs!" Wir holen

den Sohn ab. Er sieht erschöpft aus. Auf der Rückfahrt isst eine Frau in der U-Bahn Studentenfutter. Sie hat eine Linie aus Rosinen und Nüssen auf dem Rucksack gebildet, der auf ihrem Schoß liegt. Sie beginnt, die Linie von außen her zu essen, Stück für Stück, einer Zündschnur gleich. Als sie sich die letzte Rosine in den Mund steckt und nicht explodiert, holt sie die Tüte aus dem Rucksack und legt sich eine neue Linie, diesmal achtet sie auf den Wechsel von Rosinen und Nüssen. Als wir die nördliche Kante des Berliner Urstromtals erreichen, schläft die Tochter. Wo beginnt eine Stadt und wo hört sie auf? Und warum wiegt jemand eine Stadt? Und warum ohne Menschen?

Sí, sí, claro

„Ich trinke aus keinem Brunnen", sage ich ein zweites Mal. Es ist sieben Uhr früh. Die junge Ärztin sieht mich irritiert an und nickt dann. Ich fahre nach Kolumbien und bin aufgefordert worden, mich gegen Gelbfieber impfen zu lassen. Ich habe lange nach dem Impfheft suchen müssen, und als ich es fand, stellte ich fest, dass die letzte Impfung 1990 war. Da hatte ich schon keine Milchzähne mehr, Helmut Kohl war Kanzler, noch immer und schon wieder, die DDR zuckte noch ein bisschen, und es gab Münzfernsprecher und das Wort „Milchspeiseeis".

Die Praxis hat den Fehler gemacht, den kompletten Tag mit Terminen doppelt zu belegen, und so sitze ich der Ärztin mit einer älteren Frau gegenüber, die praktischerweise das gleiche Reiseziel hat.

„Das ist wichtig, wenn Sie Kontakt zu Eingeborenen haben und im Dschungel unterwegs sind!", sagt die Ärztin.

„Nein", sage ich.

„Meine Tochter ist Eingeborene", sagt die Frau.

„Oh", sagt die Ärztin, und weil sie einen leichten Sprachfehler hat und ihr die Vokale entgleiten, hört es sich an, als würde sie das „oh" in einen tiefen Brunnen sprechen. Es ist ihr unangenehm und sie wechselt zu einer Infektion, die durch Insekten übertragen wird.

„Wenn Sie gestochen werden, bekommen Sie auf der Haut kreisrunde Stellen, so groß wie eine Armbanduhr. Die können sich eitrig entzünden."

Die Frau flucht auf Spanisch und sieht verängstigt aus. Ich beuge mich zu ihr herüber und sage: „Wir gehen einfach nicht in den Dschungel und wir lassen uns auch nicht stechen!"

Sie lächelt und sagt „Sí, sí, claro."

„Ich würde Ihnen wirklich empfehlen, sich auch gegen Cholera impfen zu lassen. Das kann verheerende Folgen haben. Wenn Sie zum Beispiel Wasser aus einem Brunnen trinken."

„Wir können", sage ich, „ganz bestimmt ausschließen, dass wir aus einem Brunnen trinken werden!"

Die Frau nickt und sagt: „Absolutamente!"

Paletten

Weiter hinten wird wieder irgendeine Serie gedreht. Die Straße ist gesperrt, ein Campingbus steht hinter dem anderen. Typen, die ihre Hosen auf Halbmast tragen, an denen Schlüsselbunde an Karabinern hängen, laufen umher, als würden weiter hinten unbefristete Arbeitsverträge auf sie warten. Statisten lungern im Schatten, eine Darstellerin wird nachgeschminkt. Eine Frau, die die Kabelträger anweist, spricht in ihr Funkgerät. Und weil die Sonne zu wenig Licht gibt, helfen zwei enorme, auf eine Wohnung im ersten Stock gerichtete Scheinwerfer nach. Alles sieht ein bisschen nach Hollywood aus, aber es ist nur Babelsberg, und nicht mal das. Vor uns, seitlich des Ladens, stehen zusammengezimmerte Bänke an dem Haus. Wir stehen nach Eis an. Ein gleichaltriges Paar vor uns, der Mann dreht sich um, zeigt auf die Bänke und sagt: „Kiek dir dit ma an, so 'ne Kacke. Euro-Paletten, überall diese Palettenkacke, überall bau'n die jetzt da irjendwat zusamm, aus Euro-Paletten, so 'ne Palette kostet 25 Euro oder so, kriegste überall, und Mann, Mann, kiek dir dit ma an, dit soll 'ne Couch sein? Wer soll sich denn da, also ick setz ma nich uff so 'n Teil. Euro-Paletten, die Dinger sind jenormt, passt überall rin, LKW, kleener LKW, Hänger und hier, selbst inne Deutsche Bahn, und die Penner mach'n da Möbel draus, Mann, Mann, sieht dit scheiße aus!"

Der Mann hat einen roten Kopf, seine Freundin grinst, sie kennt das schon.

„Ick hab 'n Witz. Woran erkennste Veganer?"

Ich zucke mit den Schultern.

„Wird er dir sagen!"

Er lacht auf, ein Lachen, das den Teer der letzten Packung Zigaretten nach oben schleudert. „Unsere Tochter", sagt die Frau, „wissen Se, die will jetze vegan essen."

Ich zucke wieder mit den Schultern.

„Na, wat würden Sie denn machen, wenn Se ich wär'n?"

„Verbieten Sie es!", sage ich.

„Sagen Se ma", sagt die Frau, „kann ick Sie mieten?"

5 Zimmer

Wir suchen eine Wohnung. In Berlin. Fünf Zimmer. Kein Scherz. Wir suchen seit einem Jahr. Ich erinnere mich an eine Zeit, die nicht lange her ist, als Umzugslaster zum Straßenbild gehörten und junge Menschen, in deren Köpfen sich das Berlin der Gegenwart zu einem Mythos der Hauptstadt und dann zu einer wilden, steil-aufragenden Fantasie zusammengebraut hatte, sodass aus ihren Augen ein Strahlen kam, das an Niedlichkeit kaum zu überbieten war. Die Laster standen auf den Gehwegen. Kaffee wurde getrunken. Germanistikstudenten trugen Nachtschränke, Medizinstudentinnen trugen Stehlampen. Jemand hatte was aus der Bäckerei geholt. Es wurde gelacht. Es wurde umgezogen und wieder und dann noch mal, weil die Gegend oder die Ecke irgendwann und irgendwie etwas nervig wurde. Jahre später traf man dann am Wochenende auf Menschentrauben, die mitunter schmale Straßen verstopfen konnten. Menschen, die sich alle um dieselbe 2-Zimmer-Wohnung bemühten. Loch mit Heizung und Briefkasten. Nun zieht fast niemand mehr um, wie auch und wohin? Mit jedem Umzug steigt die Miete oder verkleinert sich der Wohnraum.

Es ist Dienstagvormittag. Die Wohnungsanzeige erschien auf einem der Online-Portale am vorherigen Abend. Eine schnelle, kurze E-Mail. Die Antwort ließ keine zehn Minuten auf sich warten. Die Sammel-Führung, so die Formulierung, finde am nächsten Vormittag statt. Nieselregen. Ein graues Wilmersdorf. Dachterrasse, ein sagenhaft-schöner Blick bis zum Fernsehturm, 5 Zimmer, kein Durchgangszimmer, 2 Bäder, alles perfekt. Die Höhe der Miete ist grenzwertig, sie würde sich geringfügig erhöhen. Was denn bei der Höhe der jetzigen Summe geringfügig bedeute? Die überschminkte, für diese Uhrzeit viel zu energische Frau, die ihre komplette Daseinsmotivation in die Vermietung der Wohnung zu stecken scheint, als würde es nicht ausreichen, einen Zettel an die Haustür zu hängen, zuckt mit den Schultern. In der Anzeige war vermerkt, dass sie für Einbauten einen überschaubaren Abstand verlangen würde. In eine Ecke des Wohnzimmers wurden Fliesen an die Wand geklebt, in eine Kammer ein Regal eingebaut. Abstand 3 800 Euro. Ich hebe die Augenbrauen. 3 800 für ein paar Kilo Holz und Fliesen? Na ja, das habe extra ein Tischler angefertigt, alles nach Maß! Vielleicht ist das schlichtweg die Eintrittskarte zu dieser Wohnung, 3 800 extra. Wenn ich für meine Wohnung einen Nachmieter suche, könnte ich den Küchentisch stehen und die Lampe hängen lassen. Ein paar Tupfer Farbe auf den Lampenschirm und sagen, ein Künstler sei hier gewesen, der habe das mit verbundenen Augen und mit dem Mund gemacht, Hammer, oder? 4 000, bitte! Doch muss ich für meine Wohnung keinen Nachmieter suchen, ich habe bereits fünf.

Zettel. Zettel halfen früher. Vielleicht helfen sie noch immer. Wir formulieren ein sympathisches Gesuch. Ich gehe damit in den nächsten Copy-Shop.

„DIN A4, 1 zu 1, fünfhundert Mal, bitte!"

Die Frau, die hinter dem Verkaufstresen sitzt, richtet sich auf und schaut auf meinen Zettel.

„Oh je, meinste, das hilft?"

Ich sehe sie fragend an.

„Na, die machen hier so richtige Bewerbungsmappen, die Leute, die 'ne Wohnung suchen."

„Ich probiers!", sage ich schulterzuckend.

Während die Kopien von der Maschine ausgestoßen werden, erzählt sie, dass sie alleinerziehende Mutter von vier Kindern sei und mit ihnen in einer 2-Zimmer-Wohnung lebe. Umziehen? Ja, schon, aber nur in der Fantasie. Eine andere Wohnung, die dann eine weitaus kostenintensivere sei, könne sie sich nicht leisten. Sie drückt mir den Stapel in die Hand. Ich hatte sie nicht nach der Anordnung der Schlafplätze in ihrer Wohnung gefragt. Ich wollte es nicht wissen.

Dann eine freie Wohnung in unmittelbarer Nähe. Bergmannstraße, 140 Quadratmeter, 3 000 Euro kalt. Warm wären es vielleicht 3 700, im Jahr würden wir dann schlappe 45 000 Euro zahlen. Blieben wir länger, und wir wollen lange bleiben, wären das … Ach was, es ist schlichtweg nicht bezahlbar. Oder doch besser nur vier Zimmer? Wir sehen uns Grundrisse an und überlegen, wo und wie wir eine Mauer, eine Trennwand ziehen könnten.

Mittlerweile will meine Frau auch nach Zehlendorf ziehen. Ich spiele mit dem Gedanken, eine Wohnung oder gar eine Haushälfte im Brandenburgischen zu mieten. Von dem Eingesparten müsste man sich dann allerdings ein oder zwei Autos zulegen, sodass alle ihre Orte erreichen, die sie erreichen müssen. Wir in einem Dorf in Brandenburg! Der Gedanke war immer für ein bis zwei Momente sehr gut.

Ich klebe an zwei Abenden die Zettel in Kreuzberg. Es bringt nichts. Wir erweitern den Radius auf andere Bezirke. In Friedenau sagt uns die Angestellte einer Hausverwaltung: „Ich gebe Ihnen einen Tipp. Sie erhöhen Ihre Chancen, wenn Sie auf dem Deckblatt ein oder zwei Familienfotos haben." Die Anschreiben werden von Mal zu Mal ausführlicher und changieren zwischen Arbeitsplatzbewerbung und Kontaktanzeige. Wir erhalten Absagen oder irrwitzige Antworten: „Bitte haben Sie dafür Verständnis, dass ein ruhiges Ehepaar bevorzugt wird." Was bloß macht ein ruhiges Ehepaar in einer 5-Zimmer-Wohnung?

Dann plötzlich wieder eine Wohnung in direkter Nachbarschaft. Die Hoffnung, die liebe Hoffnung, sie ist wieder da! Die Wohnung ist sehr groß, unglaublich schön und hundsgemein teuer. Wir sitzen stundenlang beisammen, diskutieren das Für und Dagegen, und in der Mitte einer Nacht, als irgendwann der absurde Satz fällt „Dann investieren wir eben in die Miete!", lachen wir etwas irre. Ein Bekannter, der unser neuer Nachbar werden würde, hilft uns durch ein Schreiben an die Hausverwaltung. Es klappt nicht. Dann wieder Aufraffen, neuer Mut und weiter, was sonst? Wer wir sind und was wir wollen: zwei Gehälter, drei Kinder, fünf Zimmer.

Oper

Ich habe das Buch *The rest is noise* von Alex Ross gelesen und selten so viele Eselsohren in einem Buch hinterlassen und bin nun der sicheren Überzeugung: Will ich die Entwicklung der Musik im zwanzigsten Jahrhundert besser verstehen, brauche ich dringend die Oper *Salome* von Richard Strauss. Ich fahre zu einem der wenigen übrig gebliebenen Läden, die ausschließlich Klassik und Jazz anbieten, und stehe überfordert als jemand, der ein wenig, aber zu wenig von Musik versteht, in dem Laden und spreche die ältere Frau hinter dem Verkaufstresen an, die gerade mit einem Preisauszeichner der ersten Generation Etiketten auf CDs anbringt. Sie sieht auf. Ich störe sie und eigentlich mehr, als sie das jetzt vertragen will. Sie kommt um den Tresen und baut sich, die Arme in die Hüften gestemmt, vor mir auf. Dann geht sie mit mir zu dem Regal, über dem „Oper" steht.

„Ach, dit is allet jut", sagt sie und sie hört sich an, als würde sie diesem Satz ein genervtes Stöhnen unterlegen.

„Hier: Karajan! Und hier, da singt die Nilsson, wat soll ick dazu sajen. Is halt die Nilsson!"

Ich hatte vor einer Weile einen Artikel über die Sopranistin Birgit Nilsson gelesen. Darin stand, dass sie eine Weile massenweise Fanpost erhielt, die an das Model Brigitte Nielsen gerichtet war. Das ist ungefähr mein Wissen über Opernmusik.

„Und hier: Solti!", sagt die Frau.

„Solti", sage ich.

„Ja, allet jute Uffnahmen!"

Ich frage die Frau, welche die tatsächlich beste der vielen guten Einspielungen sei. Sie greift, ohne zu zögern, in das Regal und hält mir eine CD viel zu nah vor mein Gesicht.

„Sinopoli mit Cheryl Studer", sagt sie, als wäre jetzt alles klar.

„Aha", sage ich.

„Deutsche Oper! Da war'n wa alle inner Deutschen Oper. Da war keener mehr zu Hause!" – „Alle?", frage ich.

„Ja", sagt sie. „Könn' Se mir globen. West-Berlin war sozusajen leer."

Scheinwerfer

T. kennt einen der Musiker, der Mann einer Freundin, und sie fragte mich, ob wir unsere Verabredung dorthin verlegen können, sie habe das Datum durcheinandergebracht.

„Zieh dir", sagte sie, „was Schwarzes an, dann bist du auf der sicheren Seite."

Nachdem wir auflegten, dachte ich, ich habe drei paar Schuhe, und alle sind sie hellbraun, aber wer sieht während eines Konzertes schon auf Schuhe, und außerdem wollte ich doch nur noch auf Sitzkonzerte, nur noch was für mein Alter, nicht zu laut und was zum Sitzen. Ich kenne alles Mögliche, Industrial gehört nicht dazu.

Es ist voll, der Raum nicht groß, an der Decke hängen vielleicht siebzig Scheinwerfer. Alle tragen schwarz, Band-T-Shirts, Nieten, Tätowierungen, Glatzen, Irokesen, Stellen sind ausrasiert. Industrial-Fans scheinen, ähnlich wie Punks, ziemlich viel Zeit vor dem Spiegel zu verbringen. Die erste Band tritt auf, vier sehr ernsthafte Menschen, und der Sänger brüllt immer wieder „I want to feel". Er hat einen Vollbart, seine Haare sind lang, und während er brüllt, reckt er beide Fäuste seitlich seines Körpers in die Höhe. Es sieht ein wenig lächerlich aus und zugleich ist es imposant, zu sehen, wie er dieses Männerbild in seiner ganzen Klischeehaftigkeit über eine halbe Stunde durchhält, dann von der Bühne geht und Cola mit einem Strohhalm trinkt. Die zweite Band möchte nicht, dass man sich bewegt, die beiden Männer haben Laptops vor sich und bemühen sich, keinerlei Rhythmus oder Melodie aufkommen zu lassen, und als die dritte spielt, wechseln wir an die Bar. Als die vierte Band auftritt, der Raum mit Trockeneisnebel vollgepumpt wird und auf der Bühne Kerzen brennen, gehen wir.

„Ich weiß gar nicht mehr, wann ich das letzte Mal so lange wach war", sage ich zu T., und sie lacht mich aus. Kurz vor dem Hauptbahnhof singt im Fliederduft eine Nachtigall. Wir wechseln die Straßenseite und hören ihr eine Weile zu.

Zurück in den Schnee

„Polizist werden wollte ich früher mal", sagte der Sohn. „Aber das finde ich nicht mehr so gut."

„Und was willst du jetzt werden?"

Der ICE hielt in Wolfsburg, und der Sohn war abgelenkt von dem VW-Werk, das kathedralengleich auf der anderen Seite des Kanals liegt. Die Tochter hielt ihren Husky gegen das Fenster, bewegte seine rechte Pfote. Auf dem Bahnsteig winkte eine Frau zurück. Der Zug fuhr wieder los.

Es ist fast ein Jahr her, dass wir meine Schwester in Frankfurt am Main besuchten und der Husky alleine weiterfuhr, zurück in den Schnee. Und doch fragt die Tochter hin und wieder nach. Damals liebte sie die Bücher von einem kleinen Eisbären, der mit anderen Tierkindern Abenteuer erlebt. Nach jedem Abenteuer findet der Eisbär wieder nach Hause, Mama Eisbär freut sich, Papa Eisbär ist stolz. In einem der Bücher freundet sich der Eisbär mit einem kleinen Husky an. Dringend, ich erfüllte ihr den Wunsch, musste die Tochter einen eigenen Husky haben. Er war vierzig Zentimeter lang und hatte ein wahrhaft flauschiges Fell. Ab dem ersten Tag durfte der Husky in ihrem Bett schlafen, eine Ehre, die nicht jedes Kuscheltier erfährt. Lange konnte sich die Tochter nicht zwischen Wuffel und Schnuffel entscheiden, und so wurde der Husky eines Morgens kurzerhand Wuffelschnuffel getauft. Wuffelschnuffel kam fast überall mit hin, er reiste in meinem Rucksack oder im Arm der Tochter durch Berlin. Er saß beim Essen neben ihr auf dem Hochstuhl, manchmal durfte er, auf der Waschmaschine sitzend, ihr auch beim Essen zusehen.

Wir stiegen am Frankfurter Hauptbahnhof aus, begrüßten meine Schwester und ihre Söhne. Der Zug fuhr wieder los. Plötzlich erstarrte die Tochter, sie atmete gar nicht mehr, und dann stieß sie mit einem Mal solch klagende, herzerschütternde Laute von sich, dass ein alter Mann Taschentücher reichte und seine Frau aus ihrer Manteltasche einen Bonbon kramte. Nein, es half nicht. Als ich am Abend die Tochter ins Bett brachte und Neffe 1 als Ersatz einen Kuscheltier-Jedi anbot, den die Tochter nicht haben wollte, war die Traurigkeit wieder groß.

„Wo ist Wuffelschnuffel jetzt?", fragte sie.

„Der ist wieder im Schnee", sagte ich. „Der Zug fährt in die Schweiz, das ist ein anderes Land, und dort gibt es riesige Berge, die mit Schnee bedeckt sind. Da ist Wuffelschnuffel sicherlich ausgestiegen."

„Wuffelschnuffel ist jetzt zu Hause?"

„Ja", sagte ich. Dann lieh ich von Neffe 2 eine Katze und ein Eichhörnchen. Die Tochter sah einigermaßen zufrieden aus. Der Sohn stand plötzlich vor uns mit der Zahnbürste im Mund, nahm sie heraus, schluckte die Zahnpasta herunter und sagte: „Ich weiß es jetzt. Ich werde Hausmeister!"

Ziegenkäse

„Zwei Kugeln?", fragt die Tochter. Ich nicke und sie lenkt ihren Finger über das Glas der Vitrine, in der sich das Eis auftürmt. Auch hier haben neue Lebensformen Einzug halten: Es gibt Ziegenkäse mit Karamell, Rhabarber-Minze und, weil der Weihnachtsmann in jedem Jahr wiederkommt, auch Spekulatius. Manchmal denke ich daran, wie schön es wäre, ein einfaches gemischtes Eis zu essen: Vanille, Schokolade, Erdbeere, mit Sahne und Schirmchen. Im Hintergrund sitzen Hanna-Renate Laurien und Ditmar Staffelt und streiten sich, im Radio läuft der Schrott der 80er, und mein Feindbild ist klar umrissen. Die Tochter, die schon ganz gut lesen kann, aber angesichts der herannahenden zwei Kugeln und der Worte, die sie noch nie gelesen hat, überfordert ist, zeigt mit dem Finger auf zwei Sorten. „In der Waffel", sagt sie. Ich nehme Erdbeere-Thymian und Dänische Schokolade mit Krokant. Wir setzen uns auf die Fensterbank und sehen auf die Straße. Ein schwarzer SUV mit getönten Scheiben hält direkt vor dem Laden, in der Mitte der Straße. Es wäre auch möglich, ihn seitlich zu parken, sodass die Straße befahrbar bleibt, aber nein, nun ist dieser Privat-Panzer hier. Ein kleiner Mann steigt auf der Fahrerseite aus, ein großer mächtiger auf der anderen. Beide haben kurze Haare und tragen Bomberjacken. Ein Duo wie aus einem Film, in dem mit Klischees hantiert wird: der fiese Kleine, der die Ansagen macht, und der große Voll-strecker. Die beiden betreten den Laden, stellen sich vor die Vitrine und betrachten eine Weile das Eis.

„Wie viele nimmst du?", fragt der Vollstrecker.

„Vier!", sagt der Kleine.

Der Vollstrecker lacht glucksend und sagt: „Alter, volles Programm! Guck mal hier, es gibt Ziegenkäse!"

Der Kleine zieht Rotz hoch, sieht sich kurz unbeholfen um, schluckt ihn dann runter und sagt: „Ziegenkäse, Alter! Scheiße!"

Regen

Es regnet ohne Unterlass. Auf Facebook sehe ich in einem Video, wie das Wasser durch die Kanalisation nach oben in das Berliner Buchstabenmuseum gedrückt wird. Ein serifenloses großes E spiegelt sich im Wasser. Was für ein Jammer! Ich fahre Richtung Norden aus der Stadt. Kurz hinter Pankow drückt der Fahrtwind die letzten Regentropfen von den Scheiben der Bahn. Ich bin zu einem Literaturfestival in der Uckermark eingeladen. Am Prenzlauer Bahnhof warte ich eine Weile, frage eine Frau, die neben mir wartet, ob sie auch nach Fürstenwerder wolle, will sie aber nicht, und rufe dann einen der Shuttle-Fahrer an. Ich bin der Letzte, der heute anreist, und sie haben mich vergessen. In einer halben Stunde sei er da. In einem Imbiss kaufe ich mir einen Kaffee und setze mich vor den Bahnhof auf eine Bank in die Abendsonne. Der Fahrer kommt, und wir reden über die Kleinteiligkeit der Landschaft, während wir nach Westen fahren. Die Eröffnungsveranstaltung ist schon lange vorbei, und es sind nur noch wenige da. Ich begrüße die, die ich kenne, und stelle mich denen vor, die ich nicht kenne. Am Getränkestand, an dem sich ein betrunkenes Paar mit dem Verkäufer unterhält, bestelle ich eine Apfelsaftschorle. Als ich bezahlen will, sagt der Mann, dessen Gesicht aussieht, als hätte es außer Saufen und Schwitzen wenig erlebt: „Lass ma stecken, zahl ick!"

„Danke, das müssen Sie nicht!", sage ich.

Seine Frau sagt: „Konny will das, er macht das!"

Der Mann macht eine Handbewegung und sagt: „Zahl ick! Ramazotti rin!"

Ich sage: „Nee!"

„Warum nich?", fragt er.

„Schmeckt scheiße!", sage ich.

„Zack! Zahl ick!", ruft der Mann.

„Danke, das ist nett", sage ich. Die Frau wendet sich Konny zu und sagt: „Jetzt musste aber mal fragen, wie er heisst! Dit macht man so!"

Und Konny dreht sich zu mir, guckt auf mein Getränk, dann in mein Gesicht und sagt: „Nee!"

Schaukel

Auf dem kleinen Spielplatz in der Hasenheide, dem Park zwischen Kreuzberg, Neukölln und dem Tempelhofer Feld, steht plötzlich, nachdem ich der Tochter Schwung gab, ein Junge vor mir und sagt: „Kannst du mich schaukeln?" Ich nicke, hebe ihn auf die andere Schaukel und gebe ihm Schwung. Er trägt ein türkisfarbenes T-Shirt mit dem Schriftzug „Meine Mutter ist schöner als deine". Als er vorschaukelt, sehe ich auf der Rückseite das Wort „Wirklich".

Vor Jahren, als ich mit dem Sohn oft auf diesem Spielplatz war, gab es hier herumlümmelnde, biertrinkende, ketterauchende Mütter, die jederzeit bereit waren, bei der auch nur kleinsten Auseinandersetzung um eine Schippe, ein Sandförmchen, einen Fußabdruck Größe 23 auf einer frisch angelegten Sandstraße zwischen Eiche und Schaukel, das eigene Kind bis aufs Blut zu verteidigen. Sie hätten sich mit verbalem Müll, mit Bäumen beworfen, die Fäuste fliegen lassen. Sie haben sich lauthals über das Fernsehprogramm des Vorabends unterhalten, sie haben sich ausgetauscht über ihre bescheuerten Männer und haben darüber gelacht, und sie hatten ein Lachen, mit dem man Nägel einschlagen konnte. Die Kinder hießen Kevin, Jacqueline und Sandy, als würde es niemals aufhören, dass erwachsene Menschen ihre Sehnsüchte in die Vornamen ihrer Kinder verpacken. Ich war gern dort, ich mochte es. Ich hatte Begegnungen mit Müttern, die mich nicht fragten, wie alt mein Kind sei, auf welche Schule es gehe, und ob ich mir nicht Sorgen über den hohen Migrationsanteil mache. Ob das Bio-Eis bei Dings besser und gesünder sei als das Bio-Eis bei Dingsda. Und wie ich dazu stehe, wenn der Schülerladen plötzlich und ohne Vorankündigung von Vegan auf Vegetarisch umstelle. Ich war froh, diese Gespräche, die ich auf den meisten anderen Spielplätzen hatte, nicht mehr zu führen. Ich hatte diesen kleinen Spielplatz entdeckt, auf dem das proletarische Berlin seinen Platz hatte und ihn lauthals verteidigte. Irgendwann kannte man sich, nickte sich zu, half sich mit Windeln aus, schimpfte über das miese Wetter, über die Arbeit, die viel zu heiße Sonne und dass das Wochenende noch fünf lange Tage entfernt sei. Hin und wieder kamen neue Eltern hinzu, deren Kinderwagen den Wert eines verlängerten Wochenendes in Madrid hatten. Sie fühlten sich wohl, schließlich war der Spielplatz auch nicht so überfüllt wie andere in der Umgebung, erstarrten jedoch, wenn eine der Mütter eine Anweisung quer über den Spielplatz polterte, und kamen nicht wieder. Der Spielplatz blieb, wie er war. Als ich einmal F. mitnahm, und wir eine Weile schweigend nebeneinandersaßen und das Geschehen beobachteten, sagte er nach einer Weile: „Ich hab ja Klassenbewusstsein, aber manchmal bin ich wirklich froh, dass ich kein Proll bin!"

Auch hier ist der Spielplatz nun von denen bevölkert, vor denen ich damals von anderen Spielplätzen geflohen war. Menschen, die Sätze sagen könnten wie: Guten Tag, ich bin Koordinatorin, mein Mann Kommunikator, und unser Kind bekommt seine Freiheit. Dauertelefonierende Erwachsene, die sich kleiden, als steckten sie in der finstersten

Pubertät, die den Mist der Achtzigerjahre wieder auftragen und ihren Kindern doch leicht antiquierte Namen wie Konrad, Anton, Luise und Charlotte gegeben haben oder einen, den man beim ersten Aussprechen nicht versteht. Man fragt nach, und diese lieben, veganen, zuckerfreien Kinder sind daran gewöhnt, ihren Namen mindestens zwei Mal sagen zu müssen, eh er verstanden wird, und sie tun es mit einem lieben, freien, unterzuckerten Lächeln. Die Mütter, die ich so mochte, wo sind sie nur hin? Es ist niemand mehr da, der ein Bollwerk dagegen errichten, den Kampf aufnehmen könnte. Es fehlt die Frau, die quer über den Spielplatz brüllte: „Melissa, Melissaaaaa, Mutti muss pissen wie 'n Elch, und jetze Abmarsch!"

Ich stand neulich unweit der Hasenheide in der Bergmannstraße und starrte auf den Spielplatz, der sich dort befindet. Bis vor Kurzem waren dort Spielgeräte, die aussahen, als hätte man die komplette Gemeinheit unserer Sterblichkeit in deren Entwicklung gesteckt. Ich betrachtete eines der neuen Geräte und verstand es nicht. Ich brauchte eine ganze Weile, um zu begreifen, dass dieses aus zahlreichen gebogenen Stahlrohren gefertigte Etwas ein Piratenschiff sein sollte.

Der Junge und die Tochter schaukeln noch immer. Die Tochter findet ihn ziemlich interessant. Zwei Frauen in meinem Alter kommen hinzu. Die mit dem weiten Ausschnitt sagt: „Komm bitte, Paul, Papa kommt heute wieder nach Hause, bitte!"
Der Junge reagiert nicht, er schaukelt weiter. Die Tochter lächelt. Die Mutter, der eine Sonnenbrille im Haar steckt,

wendet sich wieder ihrer schwangeren Freundin zu: „Pass mal auf, Veronika, ich mache jetzt ganz schnell!"

Sie springt vor, an der Tochter vorbei, rupft Paul, der sofort in ein markerschütterndes Schreien ausbricht, von der Schaukel, und wuchtet ihn, nachdem sie mit ihm auf dem Arm und Veronika im Gefolge, von der Schaukel zum Ausgang rennt, auf den Fahrradsitz. Paul bekommt eine Reiswaffel und ist still. Die beiden Frauen verabschieden sich mit Küsschen links, Küsschen rechts, und als die Schwangere schon fast um die Ecke ist, ruft Pauls Mutter: „Weißt du, Veronika, die Gucci, die hole ich mir jetzt doch!"

Pflaumen

Ich bringe mit dem Sohn die Tochter zu ihrer Freundin nach Schmöckwitz, trinke noch einen Kaffee mit den Eltern im Garten und erzähle ihnen, wir würden nun zu einem Obsthof fahren, um Pflaumen zu pflücken. Die beiden lachen auf, zeigen auf einen Baum, der in der Ecke des Gartens emporragt und sagen: „Könnt ihr auch hier machen!" Wir lehnen dankend ab und fahren weiter. Wir parken kurz vor Ahrensfelde bei einer Bäckerei neben einem VW Golf. An der Heckscheibe ist ein Wimpel der DDR-Fahne befestigt. Vor dem Eingang des Ladens steht ein Aufsteller, auf dem in Kreide steht: „Mittagstisch", darunter „Coffee to go: 0,2 l nur 1 Euro", daneben ein Plastiknapf, gefüllt mit Wasser, auf dem „Hunde-Bar" steht. An der Tür hängt ein Zettel. „Ausbildung zur Bäckerin – Du bist zuverlässig, arbeitest gern nachts", weiter lese ich nicht. Während wir ein Stück Kuchen essen, erzähle ich dem Sohn, dass ich als Kind oft auf Pflaumenbäumen herumkletterte, da der Neubau, in dem ich groß wurde, auf dem Gelände einer ehemaligen Gärtnerei errichtet wurde und damals seitlich des Bolzplatzes noch Obstbäume standen. Der Sohn nickt und sieht mich an, wie er mich ansieht, wenn er etwas völlig uninteressant findet. Ich gehe wieder in den Laden. „Wo ist denn hier bitte der nächste Geldautomat?", frage ich die Verkäuferin.

„Straße rechts, runter, auf der linken Seite", sagt die Frau, die sich einen Kaffee bestellt hat, der gerade aus der Maschine stöhnt. Sie trägt ein rotes T-Shirt, auf dem zentriert ein weißes Kreuz ist. Ich wundere mich kurz darüber, warum jemand in Ahrensfelde ein T-Shirt mit der Fahne der Schweiz trägt und denke dann, warum auch nicht? Als sie sich dem Kaffee zudreht, lese ich auf der Rückseite ihres T-Shirts „Heirate mich – ich bin Arzt". Wir fahren zu den Pflaumen.

Hund

A. holt mich ab und wir laufen durch den noch warmen Abend kreuz und quer durch Kreuzberg, passieren die belagerte Admiralbrücke, die in jedem Reiseführer steht, und holen uns kalte Brause bei einem Kiosk. Wir setzen uns auf dem Mariannenplatz, der früher in jedem Reiseführer stand, auf Bänke, die sich schräg gegenüberstehen, dazwischen ein kleiner, runder Tisch, auf dem wir die Flaschen absetzen. Wir unterhalten uns über prekäre Zeiten, die wir beide erlebt haben, über verkaufte CD-Sammlungen, die nun schmerzhaft vermisst werden, über Bücher, die fehlen, die man zwar nun wieder kaufen könnte, was aber nicht das Gleiche wäre. Nach einer Weile setzt sich ein alter Mann seitlich auf die Bank von A., mit dem Rücken zu ihm. Sein großer, dunkler Hund legt sich zu seinen Füßen und schläft. Der Mann bewegt sich nicht, sodass wir ihn vergessen und uns weiter unterhalten, als wäre er nicht da. Nach ein paar Minuten ruft hinter mir eine Frau: „Geht es dir gut?"

Der Mann ruft, ohne sich zu bewegen: „Ja!"

Die Frau wieder: „Zu Hause alles gut?"

Wieder ruft der Mann bewegungslos „Ja!"

Wir unterhalten uns weiter, die Dämmerung setzt ein, und als es dann dunkel ist, erhebt sich der Mann, dreht sich zu uns um und sagt nach einer Weile, während er auf seinen Hund deutet: „Ich werde nicht angegriffen. Wegen ihm!"

„Das ist gut", sagen wir.

„Der springt von vorne, wisst ihr, Schäferhunde von der Seite, aber der hier, zack von vorne." Wir nicken.

„Ich trinke noch einen Schluck Kaffee und dann so!"

Er legt seine Hände mit ausgestreckten Fingern aneinander und lehnt seinen zur Seite geneigten Kopf dagegen.

„Warm, es ist warm. Ihr könnt hier schlafen. Könnt ihr Bettwäsche sparen". Dann zieht er sanft an der Leine, der große, dunkle Hund erhebt sich und beide verschwinden in der Nacht.

Polizei

Ich fahre morgens mit dem Fahrrad zum übernächsten U-Bahnhof. Ich habe schlecht geschlafen, und die kühle Luft wird mich endgültig wecken. An einer Ampel halte ich neben zwei Lastenfahrrädern, in denen regressive neunjährige Schulkinder sitzen, die zu wenig Geld haben, um mit dem Taxi zur Schule zu fahren, und deren Eltern sicherlich zum Verkehrserziehungs-Elternabend aller vierten Klassen gehen werden. Neben ihnen stehen drei etwas ältere Jungs, die ihre Jacken in den Händen halten, damit man die Marken-Logos auf ihren viel zu großen Pullovern sehen kann. Hinter ihren ausdrucklosen, etwas gelangweilten Gesichtern tobt die Verachtung für diesen Tag, für die Schule und dafür, dass sie jetzt genau hier sein müssen. Auf der anderen Straßenseite schneidet ein Kastenwagen einem Fahrradfahrer die Vorfahrt ab. Für einen Moment denke ich, es würde übel enden, doch der Mann bremst im letzten Moment. Der Kastenwagen biegt ab. „Hey, du Arschloch!", brüllt der Mann aus Leibeskräften, sieht sich um, sieht direkt hinter sich eine Polizeistreife, dreht sein Fahrrad, rollt auf die Polizei zu und beginnt in der gleichen Lautstärke auf die beiden Polizisten einzuschreien. Sie seien hier, um ihren gottverdammten Job zu machen, das sei unterlassene Hilfeleistung, und ob sie ihre schicken Uniformen irgendwo gewonnen hätten. Die Ampel schaltet auf grün. Ich fahre los. Der Mann brüllt weiter auf die Polizisten ein, sein Kopf steckt fast in der heruntergelassenen Scheibe der Beifahrertür. Dann öffnet sich die Tür, der Fahrradfahrer weicht zurück und einer der Polizisten steigt aus. Und als ich an ihnen vorbeikomme, höre ich die wütende Stimme des Polizisten, der nun ebenfalls aus Leibeskräften brüllt: „Krieg dich ma ein! Soll ich ihn erschießen oder was?"

Achtzigster Geburtstag

Ich bin dem alten Mann dabei behilflich, sich hinzusetzen. Er schnauft leise und bedankt sich. Seine Wangen sind unsauber rasiert, die Barthaare an seinem Hals haben sich mit den Brusthaaren zusammengetan.

„Alles gut?", frage ich.

„Ja, jut! Dit is nett! Ick feier meenen achtzigsten Jeburtstach, echt. Kieken Se mich ma an, nich schlecht, wa? Is ja aba ooch erst am fuffzehnten zwölften. Ick hab jesucht und jesucht, da sind ja die janzen Weihnachtsfeiern. Jesucht ohne Ende, dit könn' Se sich nich vorstellen. Ick dachte schon, ick muss uff'm Tennisplatz feiern. Dann hab ick doch wat jefunden, beim Kejelklub, wo alle rinpassen. Wissen Se, die eene Tochter aus Coburg, der Sohn in Stuttgart, die andre in Berlin. Und denn die janzen Enkel. Sieben Stück! Die müssen ja alle Bescheid wissen. Und denn die alten Kollejen, die Freunde von mir und meener Frau. Und die sieben Enkel!"

Er lehnt seinen Gehstock an die Sitzfläche und streckt mir sieben gehobene Finger entgegen.

„Toll", sage ich.

„Und denn woll'n wa singen, janz am Anfang, und denn noch ma, wenn wa det Glas erhoben ham. Ick hab eenen jemietet mit Gitarre, der spielt denn dazu und wir singen. Dit is jar nich so einfach, wer kann denn noch die janzen Texte. Ick hab mir jetzt 'n Buch jekooft mit Liedern. Meene Tochter hat jesacht, ick muss die Lieder für alle kopier'n. Na, jetzt hab ick janz schön zu tun. Na, is ja noch Zeit. Früher ham wa immer Tanzvergnüjen jemacht, da ham wa alle jetanzt, meene Kinder ooch. Aba ick hatte nen Todesfall in der Familie, da will ick dit jetzt nich. Gitarre is ooch jut, dit is ooch 'n bisschen Unterhaltung, und jut. Wissen Se, letztet Jahr im Herbst is meene Frau jestorben."

Er hält inne, driftet in Gedanken ab, seine Augen werden feucht. Dann sammelt er sich wieder, lächelt kurz und sagt: „Ick will nich mehr tanzen. Tanzen is vorbei."

Nach rechts, nach links!

Der Sommer ist nun endlich da mit seiner ganzen Pracht. Es ist so prächtig an diesem Sonntag, dass man seinem Hund, wenn man einen besitzt, das Wasser wegtrinken möchte. Wir stehen, schwitzen, trinken die Hälfte unseres Vorrats. Die Sonne macht weiter. Wir sind nicht die Schlauesten gewesen, wir hätten zwei Stunden eher losgehen sollen. Wir müssen eine Stunde lang warten, bis wir endlich hineinkönnen. Der Mann, der die Eintrittskarten verkauft, sitzt hinter Glas auf einem Drehstuhl und schwitzt nicht. Ich poche mit den Fingern gegen die Scheibe und frage: „Ist das Panzerglas?" Er grinst und sagt: „Braucht man bei den Temperaturen!"

Das Bad ist berüchtigt dafür, dass es einen Sicherheitsdienst vorweisen kann, der an warmen Tagen, wenn das Bad überfüllt ist, immer wieder durchgreifen muss. Hin und wieder wird die Polizei hinzugerufen. Das Bad ist aber auch berühmt dafür, dass man hier an nicht ganz warmen Tagen kurz vor der Schließung mit nur wenigen anderen in Ruhe seine Bahnen ziehen kann. Der Himmel über dem Becken ist dann der schönste Himmel von ganz Neukölln. David Bowie ist hier bestimmt auch schon mal vorbeigefahren. Iggy Pop hat vielleicht versucht, das Planschbecken auszutrinken, und der ehemalige Neuköllner Bezirksbürgermeister Heinz Buschkowsky hat hier vielleicht als heranwachsender Sozialdemokrat jeden Sommer mit dem Ferienpass verbringen müssen.

Wir finden einen schattigen Platz und breiten die Decken aus. Aus den Lautsprechern knistert es sehr laut, ein Knarzen, ein weiteres, dann: „Achtung! Achtung! Eine wichtige Durchsage: Tun Sie den Müll in die Mülleimer! Achten Sie auf Ihre Mitmenschen! Das Baden ist nur zulässig in Badekleidung!"

Zwei Männer sitzen sich gegenüber auf roten Campingstühlen und spielen Halma. Sie reden nicht, nippen hin und wieder an ihren kleinen Wasserflaschen. Das Spielbrett haben sie auf einen Mülleimer gelegt. Wieder ein Knistern: „Also Burkini, Bikini, Badeanzug, Badehose, Badeshorts!"

Ein Pärchen liegt neben uns, und da der Mensch eine Oberfläche hat und diese Oberfläche ebenso gestaltet werden kann wie eine Kühlerhaube, eine Wand oder ein T-Shirt, trägt der Mann das Zeichen der RAF auf seiner linken Wade. Seine Freundin hat sich eine Landkarte, die zu einem Fantasy-Roman gehören könnte, mit der namentlichen Benennung wichtiger Orte, über den ganzen Rücken tätowieren lassen. Wieder ein Knistern: „Die dreijährige Amber sucht ihre Eltern. Die dreijährige Amber sucht ihre Eltern. Bitte beim Sprungturm abholen."

Es ist zwölf Uhr mittags und der Sonne sollte man gar nichts übel nehmen. Wir cremen uns ein, sodass wir alle etwas blechern aussehen. Im Nichtschwimmerbecken ist so viel Mensch wie Wasser. Schwimmen ist nicht möglich. Wir stehen herum. Es ist kühl. Es ist gut. Wieder ein Knarzen: „Die dreijährige Amber sucht ihre Eltern. Bitte beim Sprungturm abholen. Seht nach rechts, seht nach links! Sind eure Kinder bei euch? Achtet auf eure Kinder!"

Der Bademeister, der ins Mikrofon sprechen darf, sieht mit seiner breiten, verspiegelten Sonnenbrille, den muskulösen Beinen und dem aufgepumpten Oberkörper aus, als hätte er einen Abschnitt seines früheren Lebens in einer Spezialeinheit verbracht. Spezialeinheit für was auch immer, zumindest war die Lage danach eine andere. Er hebt gelangweilt das Mikrofon, ein Knarzen: „Die zehnjährige Dilek sucht ihre neunjährige Schwester Melek. Dilek wartet beim Sprungturm!" Dann hebt er die Stimme: „Leute, seht nach rechts, seht nach links, das kann doch nicht sein, dass wir für eure Aufsichtspflicht zuständig sind. Passt auf eure Kinder auf!"

Bei dem kleinen Imbiss bestellen wir Pommes Frites und Kaffee, während die Hitze uns trocknet. Hinter uns ein Mann, der eine tätowierte Landschaft mit Wäldern und Flüssen auf seiner Brust hat. Seine Brustwarzen sind in einem Radius von zwei Zentimetern naturbelassen, sodass sie zwei Seen und die Brustwarzen zwei Inseln sein könnten. Ich starre fasziniert und viel zu lange auf seine Brust. Wir bekommen die Pommes und den Kaffee. Wie gut, dass niemand zuvor fragte, ob wir heute nicht mal die kenianische Bohne probieren möchten. Wieder ein Knarzen: „Leute, eure Aufsichtspflicht!"

Der Rand des Schwimmerbeckens ist komplett belegt. Es gelingt nicht gleich, ins Wasser zu kommen. Niemand will seinen Platz auch nur für einen Moment verlassen. In der Mitte schwimmen einige Männer mit Biker-Sonnenbrillen, die aufbrüllen, wenn Wasserspritzer auf den Gläsern landen. Seitlich des Sprungturms steht einer breitbeinig in der Sonne, der Schweiß tropft von seiner Nasenspitze. Er steht reglos da und sieht auf das Becken. Auf der Rückseite seines hellblauen T-Shirts haben sich zwei nasse Flächen gebildet, sodass er aussieht wie ein Engel.

Als wir am späten Nachmittag nach Hause gehen, passieren wir zwei Reihen von Polizeibeamten in kompletter Kampfmontur, die sich am Ausgang positioniert haben und aussehen, als würden sie gleich ein besetztes Haus räumen müssen. Am nächsten Tag lese ich in der Zeitung, dass es zu einer Massenschlägerei zwischen sechzig Jugendlichen gekommen sei und das Bad habe geräumt werden müssen.

Vor einigen Wochen las ich auf den Monitoren, die in der Berliner U-Bahn angebracht sind und die das aktuelle Weltgeschehen verbreiten, dass sich Karel Gott in die Natur zurückziehen wolle. Das, denke ich, sollten wir das nächste Mal auch tun. Zurück ins Grüne, warum auch immer zurück, wir lebten nie dort. An einen Badesee, am besten an einen Klarwassersee. Algen und Fische, ein Graureiher. Da sind sicherlich auch alle tätowiert, zum Prügeln werden es zu wenige sein, die Sonne ist dieselbe und es gibt kein Mikrofon. Irgendeinen Engel wird es auch dort geben.

Flohmarkt

Wir haben einen Stand auf einem nahegelegenen Flohmarkt und verkaufen Spielzeug, Anziehsachen und Bücher. Wir sind früh aufgestanden, und ich möchte einen Espresso trinken. Ich gehe zu den Essens- und Getränkeständen, die das Zentrum des Marktes bilden. Der Typ, der jede Menge Blech im Gesicht hat, sieht aus, als wäre er gerade erst aufgewacht.

„Einen doppelten Espresso, bitte", sage ich.

„Espresso doppio?"

„Auch gut!", sage ich.

„Den würzigen?"

„Nein, danke."

„Den fruchtigen?"

„Normal, einfach den normalen, nur Espresso, doppelt, den mit nichts drin", sage ich.

„Ach, komm", sagt er, „ich muss das fragen. Den Scheiß hat sich der Regionalleiter einfallen lassen."

Wir grinsen uns an. Ich trage den Espresso an unseren Stand, vor dem eine Frau mit einem Rucksack steht, an dem ein kleiner Bären-Anhänger hängt. Wir sind beide überrascht. Sie ist eine Bekannte von mir. Sie erzählt, sie habe gekündigt und müsse nun nur noch wenige Tage in die Buchhandlung gehen und sie freue sich sehr darüber.

„Und dann?", frage ich.

Sie hebt die Schultern.

„Vielleicht was mit Tieren. Die beschweren sich nicht und fragen auch nicht, welche Romane Anne Frank noch so geschrieben hat."

Neben sie tritt ein Mann. Er steht breitbeinig vor unserem Stand, wie einer, der einen Teil der Erdoberfläche gepachtet hat. Neulich erzählte mir J., dass achtzig Prozent derer, die Wikipedia vollschreiben, Männer seien.

Er interessiert sich für ein Kinderlexikon. Fünf Euro will ich dafür haben, es ist dick, farbig, und die ganze Welt ist darin vorhanden.

„Ich gebe dir drei Euro dafür. Das sieht ja nicht mehr gut aus, oder?", sagt er.

„Genau", sage ich, „deshalb auch nur fünf Euro für die ganze Welt!"

„Das sieht aus", sagt er, „als hätte das mein Sohn in der Schule durch die Gegend geworfen. Dem hätte ich das genauso über den Kopf gezogen."

Er grinst breit. Ich sehe ihn eine Weile an und sage: „Sieben Euro!"

Nackenhaare

Bin ich beim Frisör, muss ich unweigerlich an das eine Gedicht von J. denken. Nachdem die Frisörin und ich die Themen Kinder und Wochenende abgehakt haben, schweigen wir. Es ist ein angenehmes Schweigen – ich gehe seit Jahren hierher – und mein Blick gleitet irgendwann auf den Boden. Ich sehe die bereits abgeschnittenen Haare: „ein stiller mob mit einem alten wissen".

„Einen Zentimeter, wie immer?", fragt die andere Frisörin. Vor ihr sitzt eine alte Frau mit frisch gewaschenen Haaren und einem verhärmten Gesicht, in dem sich das komplette Elend des Erdballs zu spiegeln scheint.

„Ja, bitte", sagt die Frau, „einen Zentimeter!"

Sie schmatzt ein wenig, während sie das Z von Zentimeter ausspricht.

„Guten Tag, junger Mann!"

Junger Mann. Hier ist nur ein Mann, und das bin ich, nicht mehr jung, aber Mann.

„Guten Tag!", sage ich und denke, es wäre eine Gemeinheit, nun „alte Frau" anzufügen, obwohl es den Tatsachen entspräche.

Die andere Frisörin nickt, greift nach einer großen Schere, lässt sie einige Male dicht über dem Kopf der Alten auf- und zugehen und grinst dann.

„Und wenn ich es dir länger abschneide, verlässt dich dann Hans?"

Wir fangen alle an zu lachen, ich beuge dabei meinen Kopf leicht nach rechts, obgleich die Frisörin gerade dabei ist, mit scharfer Klinge die Nackenhaare zu bearbeiten. Es brennt kurz und blutet dann. Die Frisörin entschuldigt sich mehrmals ausführlich, tupft mit einem Taschentuch die kleine Wunde ab, entschuldigt sich wieder. Es ist nicht schlimm.

„Der verlässt mich nicht. In unserem Alter macht man das nicht mehr!"

Wir lachen wieder. Ich halte meinen Kopf still.

„Geht ihr nachher wieder zum Italiener?"

Die Alte schmatzt und sagt dann: „Hans hat schon gestern Mittag einen Tisch reserviert."

Die Wunde brennt. Ich fühle mit einem Finger danach. Die Frisörin entschuldigt sich wieder.

„Nun, junger Mann", sagt die Alte, „jetzt können Sie sagen, dass Sie im Krieg waren."

Morgenzigarette

Es ist Mittwoch früh und ich fahre in einem mit Arbeitskraft gefüllten S-Bahn-Waggon Richtung Ahrensfelde zu einer Schule. Ich habe vergessen, aus welchem Buch ich lesen soll, und habe die, die für eine Berufsschule in Frage kommen könnten, mit Hilfe meiner inneren Klischee-Kiste ausgewählt und eingepackt. Die Klasse steht fast geschlossen vor der Eingangstür der Schule und zieht, umringt von Plattenbauten, eine Morgenzigarette durch. Der Lehrer reicht mir seine kräftige, rechte Hand. „Tach!", sagt er. Er unterrichte auch Sport. Man sieht es. Ich solle lesen, was ich wolle, ich hätte freie Wahl, egal was, aber eine Stunde. Und dann sagt er: „Und dann reden Se noch'n bisschen, ja? Wat so 'n Schriftsteller heute macht, also anders als vor hundert Jahren oder so. Jut?"

„Jut", sage ich, und packe den Lyrikband zurück in den Rucksack. Ich lese Glossen. Berlin, warum auch nicht. Es ist auch ganz schön, in Berlin etwas über Berlin zu lesen. Nachdem ich gelesen habe, rede ich darüber, wie ich an Büchern arbeite, meistens gleichzeitig an zwei, drei Projekten, zumindest gedanklich, dass alles ganz gut laufe, und denke dann: So ein Quatsch. Seit drei Jahren kein Gedicht, seit zwei Jahren an einem Roman, mit einer Ungeduld und Ambivalenz, die in ihren Pendelbewegungen zwischen Höhenflügen und brunnentiefer Unzufriedenheit durchaus theatralische Ambitionen hat. Kurze Texte, mal hier, mal dort, mal aus dem Ärmel, mal wochenlanges Geschraube.

„Das ist beachtlich", sagt der Lehrer, und ich denke: absolut.

Nach den zwei Schulstunden kommt er wieder auf mich zu.

„Wissen Se, Jedichte les ick eigentlich nie. Ick lese jerne Krimis. Aber Krimis sind irjendwie alle gleich. Wie heißt er? Dan Brown, jenau, den les ick echt jern. Macht jute Sachen. Aber irjendwann dacht ick ooch: Kennste doch! Is irjendwie immer dit gleiche, immer gleich jebaut, gleiche Struktur. Na ja, war jut eben, echt jut."

Vor dem S-Bahnhof kotzt ein Mann neben einen Mülleimer. Als ich zwei Tage später auf dem Flughafen von Kiew von einer Gruppe von Männern, auf deren T-Shirts „Hard Rock Café Tschernobyl" steht, angesprochen werde, ob ich aus Bremen komme, sage ich: „Nein, aber manchmal wünschte ich, ich würde es."

In Bremen gibt es kein Hard Rock Café. In Bremen gibt es auch Sportlehrer, die ein weiteres Fach unterrichten müssen und sich dachten, dass es dann auch Deutsch sein kann, da sie diese Sprache so oder so täglich verwenden. In Bremen wird sich auch übergeben, aber sicher sieht Bremen im Hintergrund schön aus.

Marzahn

Die Schriftstellerin Kerstin Hensel eröffnet eines ihrer Gedichte mit der Zeile „Marzahn frisst, säuft und kotzt Bulette", und vielleicht ist damit auch schon alles gesagt. Marzahn, warum ausgerechnet Marzahn? Und sagt man es in größerer Runde, gibt es immer einen, der darauf hinweist, dass sich dieser Bezirk aber auch einen schönen dörflichen Kern bewahrt habe, kleine Häuser, wirklich sehr, sehr hübsch, und dann denke ich immer, dass daran irgendetwas nicht richtig ist, weil es ein „sehr" zu viel ist und „hübsch" überhaupt kein Wort, das derjenige auch sonst gebraucht. Und dann denke ich jedes Mal mit der gleichen wiederkehrenden Penetranz: Was sollen die paar schönen Häuser, wenn der Rest der letzte Husten ist? Marzahn ist der Bezirk mit den meisten Privatinsolvenzen, mit den wenigsten Übernachtungsgästen, mit der geringsten Aufenthaltsdauer von Übernachtungsgästen, was vielleicht darauf hindeutet, dass der gemeine Marzahner durchaus Menschen außerhalb von Marzahn kennt, sie auch zu sich einlädt, doch schlafen dürfen sie, warum auch immer, nicht in seiner Wohnung, und deshalb bleiben sie vielleicht auch nicht so lange.

Warum nicht, denke ich, nachdem A., mit dem ich zum Fotografieren verabredet bin, vorgeschlagen hat, dorthin zu fahren. Wir steigen am Helene-Weigel-Platz aus. Die Blöcke stehen in Reih und Glied, die Sonne scheint auf das Flachdach eines verlassenen Kinos, und wir sehen fast keine Menschen. Es müssen hier Tausende leben, wir gehen stundenlang umher und fotografieren. Wo sind die alle? Als wir zurückwollen, sehen wir einen Mann, der in einem Rollstuhl sitzt, neben ihm seine Frau auf einer Bank. Sie gucken geradeaus und reden nicht. „Entschuldigung", sagen wir, „wo ist denn hier die nächste Bushaltestelle?", und der Typ sieht uns an, als hätten wir gerade sein Wohnzimmer verwüstet, und sagt: „Weeß ick nich!"

Flieder

Die Ostsee hat den Strand, der weder Flut noch Ebbe kennt. Es gibt zwar bessere Ziele, aber will man ans Meer, dann hat Berlin immerhin die Ostsee. Kurzerhand sind wir über das Wochenende dorthin gefahren. Die Sonne schien und es war windig, sodass die Ostsee ein bisschen so tun konnte, als sei sie ein richtiges Meer. Als wir zu dem einzigen Supermarkt des kleinen Ortes gingen, erinnerten uns die Gärten der Einfamilienhäuser daran, dass die DDR noch nicht lange Geschichte ist. Flächen, angelegt und gepflegt von erwachsenen Menschen, die offensichtlich nicht wussten, was sie überhaupt mit so einer Fläche machen könnten. Wir leiteten an der Gartengestaltung das ganze Elend von Deutschland ab. Wer auf einem großen Grundstück eine einzige schmale, kümmerliche Pflanze zentriert verwurzelt und den Rand der Pflanzenerde mit vermauerten Steinen begrenzt, der muss doch auch so etwas in seinem Kopf haben. Ein trauriger Anblick.

Der Regionalexpress kam Berlin näher und näher. In Springfuhl vergammelten rechts der Gleise Industrieareale, links standen, wie der Dramatiker Heiner Müller sagte, Fickzellen mit Fernheizung, und ein jeder Balkon war andersfarbig gestrichen. Einen Steinwurf entfernt eine Herde Discounter in der Abendsonne. Kurz vor dem Bahnhof Lichtenberg stand blühender Flieder, als wolle sich das Wilde uns noch einmal zeigen, bevor wir die betonierte Stadtfläche betreten. Am Hauptbahnhof stiegen wir um. Wenig später in der U7 war alles Gewohnte wieder da: Ein

Skinhead mit der Statur eines Trockners torkelte in den Waggon und hatte große Mühe, nicht der Länge nach hinzuschlagen. Ein junger Mann, dessen Oberschenkel einen Weitwinkel bildeten, saß uns gegenüber und ließ seinen verachtungsvollen Blick auf uns ruhen. Eine Frau, die sich kleidete, als hätte die von ihr so heißverehrte Weltmusik eine Fortsetzung mit anderen Mitteln in ihrer Kleidung gefunden, stand auf einem Bein, hatte die Augen geschlossen und brummte. Also alles wie immer, alles so, wie wir es vor zwei Tagen verlassen hatten. Ich schloss auch kurz die Augen und sah für Momente die Ostsee. Dann erschien im U-Bahn-Fernsehen der Papst, der im Herbst Kolumbien besuchen wird. Ein Gesicht zwischen Infantilität und Schneeeule, und ich dachte, so sieht also einer aus, der die Menschheit liebt.

Bäckerei

Es ist der letzte Verkaufstag. Die letzte ehrliche Bäckerei von Kreuzberg schließt nach achtundzwanzig Jahren. Sie hätten weitermachen können, aber sie wollten nicht mehr, es war genug. Sie haben nach einem Nachfolger gesucht und keinen gefunden. Die Schlange derer, die ein letztes Mal hier etwas kaufen werden, reicht auf den Bürgersteig und biegt nach links. An der Fensterscheibe hängt ein großes Plakat, auf dem man eine Nachricht an die Bäckerei hinterlassen kann. Dort steht: „Ich wohne seit sieben Jahren im Kiez und bin immer am Wochenende hier gewesen. Ich werde euch vermissen. Danke!", „Ein hervorragender Bienenstich! Alles Gute!", „Der beste Bäcker südlich von Schwerin!" und in großen Lettern, mehrmals mit einem Kugelschreiber nachgezogen: „Bitte nicht noch ein veganer Kack-Hipster-Laden, in dem alles 4,90 kostet und Englisch getalkt wird."

Kam man frühmorgens in die Bäckerei, saßen dort Männer in Blaumännern, tranken Kaffee, aßen belegte Brötchen und warfen sich Sprüche an die Köpfe. Es gab große Bleche mit Streusel- und Kirschkuchen, Bleche, die eine klare Sache waren. Es gab Schrippen ohne Bio, ohne Schnick-Schnack, es schmeckte nach Kindheit und alles sah golden aus. Zentriert in akkurater Handschrift steht auf dem Plakat: „Wir haben 12 Jahre lang gerne Brot, Brötchen und Kuchen bei Ihnen gekauft. Und auch bei langen Schlangen am Wochenende wurden wir immer freundlich bedient. Vielen Dank für die Mühe, die Sie sich mit dem Backen und

Verkaufen gemacht haben. Wir wünschen Ihnen alles Gute und werden Sie vermissen!" Dahinter ein Herzchen. Auch ich werde den Laden vermissen. Die Tochter ging hier das erste Mal etwas alleine kaufen und kam zehn Zentimeter größer wieder nach Hause.

Verlassene Orte

A. zeigt mir seine neue Kamera. Wir fahren mit der S-Bahn Richtung Nordosten. Wir tragen stabiles Schuhwerk, Rucksäcke und Kleidung, die schmutzig werden darf, die kaputtgehen darf. Was wir machen werden? Wir fotografieren. Motive werden wir nicht suchen müssen, wir werden uns in ihnen bewegen. Zugegeben, es ist eine etwas merkwürdige Freizeitbeschäftigung, durch verlassene Gebäude zu laufen und sie zu fotografieren.

Manche dieser Orte finden sich in Reiseführern, andere findet man selbst, während man mit offenen Augen durch die Stadt geht. Sie sind von S-Bahn-Trassen aus zu sehen, man hat davon gehört, darüber gelesen. Und fängt man einmal damit an, bemerkt man irritiert, dass es viele dieser Orte gibt: Fabriken, Wohnhäuser, Einfamilienhäuser, Supermärkte, Verwaltungsgebäude, Schwimmbäder, Sporthallen, Universitätsgebäude. Eine Stadt in der Stadt. In dieser Stadt treffen wir auf Touristen, weil Touristen einfach überall sind. Wir treffen auf andere, die auch fotografieren. Nie ist jemand allein unterwegs. Man tauscht sich aus: welches Gebäude zugänglich ist, welches wieder geschlossen, welches abgerissen wurde, wo Bauarbeiten stattfinden. Man schließt sich zusammen, da der Weg von A nach B komplett dunkel ist und nur einer eine Taschenlampe dabeihat, man fährt gemeinsam zu einem anderen Ort.

Wir halten uns an Selbstverständliches: Wir betreten nur Gebäude, die offen sind, wir brechen nichts auf, wir verändern nichts, wir nehmen nichts mit. Alles, was bleibt, sind unsere Schuhabdrücke. Das Reden ist reduziert auf das Notwendigste. Sehen wir eine Wäscheleine, einen Flur, der gefegt wurde, machen wir sofort kehrt. Treffen wir doch auf Menschen, die sich dort eine Unterkunft errichtet haben, grüßen wir und gehen. Wir wollen niemanden erschrecken, niemanden stören, nicht ungeladen in einem Wohnzimmer stehen.

Wer wir sind: zwei Männer mittleren Alters, die Abenteuerspielplätze aufsuchen, die behaupten, sie würden diese Gebäude fotografisch dokumentieren, was sie zweifelsohne auch tun, die aber vielleicht auch etwas nachzuholen haben. Vielleicht könnte man diese Beschäftigung besser erklären oder bräuchte es gar nicht erst, wenn man zwanzig Jahre jünger wäre. Sind wir aber nicht. Holen wir also etwas nach? Wahrscheinlich, warum nicht, es tut niemandem weh. Es macht Spaß, es ist aufregend.

Meistens sind wir von morgens bis zum Verschwinden des Lichts unterwegs. Wir sind achtsam und vorsichtig. Nur selten sehen wir eine Scheibe im Fensterrahmen. Wir laufen über Scherben, herausgerissene Bretter, in denen Nägel stecken, zerschlagenes Mobiliar. Die Wände sind mit Graffiti zugedeckt. Mancher Boden ist marode und knirscht, mancher ist löchrig. Fast in jedem Gebäude finden sich Brandspuren. Der Wind geht durch die Gebäude, Türen knarren, Fenster schlagen. Mitunter ist die Angst ein Begleiter, und wird der Begleiter zu groß und schwer, genügt ein Innehalten, eine Geste zum anderen, und wir sind wieder aus dem Gebäude.

Es sind Orte, die einen verstummen lassen, Orte, die traurig machen, Orte, die obgleich ihrer Trostlosigkeit eine

Faszination ausstrahlen. Wir gehen durch das Erlebnisbad, in dem ich hin und wieder als Kind war und mich am liebsten durch den Strömungskanal treiben ließ. Ich stehe in diesem Kanal und erinnere mich an die Geräusche, die es in diesem Bad gab. Wir gehen durch einen Festsaal, in dem ein Klavier steht, betreten die Bühne. Was war hier? Sicherlich gab es Tanzveranstaltungen, Feste, vielleicht Jugendweihen? Wir gehen durch die Büros einer Botschaft. Der Boden ist teilweise knöchelhoch mit zurückgelassenen Dokumenten bedeckt. Ein Schreibtisch, darauf eine Schreibmaschine, Polstermöbel. Als wäre das Gebäude fluchtartig zurückgelassen worden. Wir stehen in einem Hörsaal, unter der großen Tafel, sehen hinauf auf die Sitzreihen. Wir gehen durch eine Fabrik, durch die Hallen, in denen mittlerweile hohe Bäume wachsen, Birken, Erlen. Wir gehen durch die beiden fünfstöckigen Verwaltungsgebäude, stehen auf dem Dach, die Sonne scheint, es ist bereits Abend, links die Spree, rechts ein weiteres leer stehendes Areal, weitere Häuser, weitere Hallen. Wie viel Platz, wie viel Raum! Wem gehört das? Wer nennt das sein Eigentum?

Es ist dunkel geworden. Wir sind erschöpft. Wir stehen vor einem Verwaltungsgebäude von Siemens, vor dem ein Denkmal errichtet wurde. Auf der vielleicht dreißig Zentimeter hohen Platte wurde zentriert ein bronzenes Schwert eingefasst. Die Plattenwände tragen die Umschrift *Den Unvergessenen / Kameraden die im Weltkrieg / den Heldentod starben / das Haus Siemens*. Es sieht gepflegt aus. 1994 wurde restauriert.

Auf dem U-Bahnhof fällt die Anspannung von uns ab, die Konzentration. Die Augen ruhen aus. Wir steigen in die

U-Bahn, setzen uns und reden nicht. In den Köpfen sind zu viele Eindrücke, zu viel ist passiert, wir haben viel gesehen, das nichts mit unserem Alltag zu tun hat, wir waren in einer anderen Welt, der Kopf muss das sortieren, ordnen, verstehen.

„Noch einen Tee?", frage ich A.

Er nickt. Wir werden uns in das Café setzen, in das wir uns immer nach einer Tour setzen, das ist eine Konstante, etwas Ordnung nach der Unordnung, in der wir waren. Wir werden auf die belebte Straße sehen, an die Fotos denken, die wir gemacht haben, den Tee trinken und nicht reden.

Punkte

Wir sitzen in einem Café auf der Bergmannstraße, in der ich
Anfang der Nullerjahre fast täglich war. Ich erinnere mich
an die Wohnung von F., die gleich um die Ecke war, und
an unsere Treffen in tiefster Nacht. Ich erinnere mich an
die Besuche von A., der damals in Köln lebte, nun in Berlin
wohnt und mir gegenübersitzt. „Grüne Punkte, so ein
Blödsinn!", sagt er. Wir sehen auf die verschieden großen,
in unterschiedlichen Abständen auf die Straße gemalten ne-
ongelben Punkte. Eine Weile standen Sitzgelegenheiten an
den Straßenrändern herum, die aussahen, als wären sie für
Menschen, die bald Rückenschmerzen haben werden, von
einem schlechtgelaunten Designer entworfen worden. All
das sollte der Verkehrsberuhigung dienen. Natürlich hätte
man auch Polizisten, die gerade keine Neonazis jagen, ab-
stellen können, Autofahrer, die schneller als zwanzig Kilometer pro Stunde fahren, aus ihren Vehikeln zu ziehen und
zu fixieren.

„Ist doch gar nicht so schlecht!", sage ich.

A. winkt ab: „Die sollen einfach die Straße für den Auto-
verkehr schließen und keine Punkte malen!"

Seitlich der Straße, auf den Flächen, auf denen bis vor
Kurzem die Sitzgelegenheiten standen, liegen riesige
Steine. Wir reden eine Weile über die Morde in Halle und
dann über die Verleihung des Literaturnobelpreises an Peter
Handke. Ich gehe rein, an den Tresen, und bestelle zwei
weitere Getränke. Als ich zurückkomme und mich wieder
zu A. setze, sieht die Bergmannstraße für einen Moment so

aus, als wäre sie mir fremd, als wären wir in einer anderen Stadt, irgendwo weiter im Süden. Wir reden wieder über Handke und Halle. Dann gehen unsere Blicke wieder auf die Straße, und A. sagt: „Diese Punkte, so ein Quatsch! Ich sehe ja ein, dass Surrealisten auch Arbeit brauchen, aber, guck dir das an, das sieht einfach scheiße aus!"

Plötzensee

Ich brauche Bargeld und dieser Automat auf dem U-Bahn-hof scheint der einzige weit und breit zu sein. Eine Frau steht tänzelnd davor und steckt ihre Karte rein. Auf ihren Nacken, kurz unter die hochgesteckten braunen Haare, hat sie sich in elfenhafter Typographie das Wort „Princess" tätowieren lassen. Hinter ihr eine Menschenschlange, die sich aus drei Generationen zusammensetzt. Ganz vorne die Mutter, dahinter die Großmutter, dann drei Kinder, der Großvater und ganz hinten der Vater mit einem Mädchen. Ich stelle mich an. Die Mutter dreht sich um und ruft: „Pass auf, dass die Ursel mitkommt."

Der Mann vor mir nickt. Ursel, die neben ihm steht, ein Gesicht zwischen Kind und Akne, ist vielleicht zwölf, und unter anderen Umständen würde sie genervt aussehen und die letzten zweihundert Nachrichten aus ihrer WhatsApp-Gruppe lesen.

„Wolfgang, hast du mich gehört?" Wolfgang hat es ganz sicher gehört, weil der ganze U-Bahnhof es gehört hat. Die Frau mit der Tätowierung hört auf zu tanzen, dreht sich zu der Mutter um, sieht sie irritiert an. Die Mutter sieht schnell weg. Wolfgang nickt wieder, dreht sich zu mir um, nickt auch mir zu und lächelt. Ich nicke zurück. Die Täto-wierte gibt ihre Geheimzahl ein, während sie schon wieder tänzelt, zieht dann ein paar Scheine und steckt sie in die hintere Hosentasche ihrer Jeans.

„Wolfgang, wir sind dran!", ruft die Mutter. Wolfgang nickt. Was soll so ein Wolfgang auch machen außer nicken?

Zwei Typen stellen sich hinter mich. Sie haben Eistee-Packs und Frisuren, die aussehen, als hätte man ihnen einen Kreis des Kopfhaars abrasiert, den Kopf zu einer Glatze geschoren und anschließend den Kreis wieder raufgesetzt. Sie trinken synchron aus den Packs, dann sagt der eine: „Du warst Samstag nich da, Alta!"

Der andere nickt und sagt: „Isch war eine Woche Plötzensee, Digga!"

Radio

Die Kinder lieben den Radiosender Kiss FM und freuen sich über die deutschen Hip-Hop-Songs, die jetzt Tracks genannt werden, und schreibe ich eine solche Bemerkung, fühle ich mich steinalt. Bei jeder Autofahrt ins Umland gilt die Verabredung: Hinfahrt ihr, Rückfahrt wir. Seit ein paar Monaten höre ich wieder Hip Hop. Das kann mit meiner Midlife-Crisis zu tun haben, die ich selbstverständlich nicht habe, weil ich reinen Herzens und erhobenen Kopfes mein Älterwerden für das Normalste der Welt halte. Auf Kiss FM wird, wenn von Berlin gesprochen wird, „Mudderstadt" gesagt, das Adjektiv „geil" steht für alles, was irgendwie toll ist, die Nachrichten zur vollen Stunde bestehen aus Wohnungsbränden und Musikfestivals.

Als wir im letzten Jahr am 1. Mai unterwegs waren und sich der DGB am Brandenburger Tor traf, und nachdem wir ein zweites Mal den einen und ein zweites Mal den anderen Track hörten, schon wieder von der DFB-Demo, tatsächlich von der DFB-Demo, gesprochen wurde, öffnete C., die eine kurze Nacht hatte und auf dem Beifahrersitz döste, die Augen und ich sagte: „Ach komm, is auch egal, das merkt da eh keiner!"

Wir fahren auf den Funkturm zu. Die Sonne brüllt. Im Kofferraum liegen Schlauchboot und Pumpe. Zwischen zwei Tracks sagt der Moderator „Homosexuelle angreifen, ey, wie behindert kann man sein, dass man denkt, dass da auch nur einer dann nicht mehr homosexuell sein will!"

Es ist ein Satz, nach dem nur noch karger Boden kommt. Dann rappt Capital Bra: „Ich bang die Pussy, ich trag nur noch Gucci", und C. sagt laut „Nein" und schaltet um. Die Rückbank beschwert sich lautstark. Ein Lied von ABBA, das ganz sicher kein Track ist, beginnt, und C. und ich schaukeln mit.

„Das ist ABBA", sage ich. Der Sohn murrt, die kleine Tochter sagt: „Voll langweilig" und die große: „ABBA kennt kein Mensch!"

Teneriffa

Der Taxifahrer lenkt den Wagen mit einer Wucht über das Katzenkopfpflaster der kleinen Straße, als hätte er eine zu Wut gewordene Enttäuschung in seinem rechten Fuß, als hätte er noch eine Rechnung offen mit der Stadt, der Straße, mit sich selbst. Es ist mir recht. Ich will schnell nach Hause.

„Könnten Sie bitte", frage ich, „hier hinten etwas Licht machen?"

„Is jut", sagt er und schaltet es an, und da nun ich etwas sagte und dann er, und er das als Gesprächseröffnung verstand, sagt er: „Ick kann 'n bisschen Küchen-Türkisch, Hallo, Tschüss, Danke und Döner".

„Das ist prima", sage ich. Links der Alexanderplatz, die Spitze des Fernsehturms steckt im Nebel. Die Straßen sind fast leer, der Fahrer drückt das Pedal. Ich versuche zu entziffern, was ich im Halbdunkel während des Konzertes in mein Notizbuch geschrieben habe. Ich kann es nicht lesen. Es war irgendein Gleichnis von Bergspitzen und gefrorenem Wasser. Was mir eben so einfällt, wenn ich von Jazz zerlegte Weltmusik höre.

„Wissen Se, wat alte Leute machen? Die jehn raus und quatschen andere voll, damit se nich so alleene sind. Ick bin zwar noch nich alt, aba bald. Dann hab ick drei Enkel und ooch schon een Urenkel, dit lass ick mir nich nehmen!"

„Wissen Ihre Kinder davon?", frage ich.

Er lacht und ruft: „Nee!" Er zeigt auf das vor uns an der Ampel wartende Auto mit dem Kennzeichen TF.

„Kiek ma, Teneriffa!"

Ich habe den Spruch schon sieben Mal zu oft gehört und sage wieder nur „Ja". Er dreht sich zu mir um: „Wo war'n Se denn? Wenn ick fragen darf."

„In einem Konzert."

Er nickt anerkennend. „Dit is jut! Ick war mit meener Freundin neulich inner Oper, Mann, Mann, dit is nich meene Sache. Stundenlang! Aba ick hab wat jelernt. Solange die noch singen, is die Oper nich vorbei, dit gilt ooch fürs Leben, so einfach is dit!"

„Ja", sage ich.

Kastanien

Nach einer Woche im nebelverhangenen und verregneten Harz, in dem die Steinpilze herumstanden, als wäre alles, wirklich alles in Ordnung, warte ich unter der Uhr am Rosenthaler Platz auf R., den ich ein halbes Jahr nicht gesehen habe. Wir laufen den Hügel rauf zum Haliflor, wo ich schon vor langer Zeit saß und das es sicherlich schon immer gab. Es ist einer der letzten warmen Oktobertage, und wir setzen uns nach draußen. Ich erzähle R., wie es war, mit drei Kindern, davon zwei in der Pubertät, auf den Brocken zu wandern – und wie währenddessen eine der Töchter fünfzehn Minuten einer Freundin am Handy erzählte, wie scheiße das alles sei. Einen Tisch weiter sitzt ein Schauspieler und wir brauchen eine Weile, bis uns der Name einfällt. R. sagt dazu, wir hätten ein Alter erreicht, in dem das jetzt etwas länger dauere. Er fragt, wie es mir gehe. Ich sage „Gut", aber manchmal würde ich Dinge sehen und dann überlegen, wie oft ich sie noch sehen werde. R. sieht mich neugierig an.

„Zu unkonkret, oder?", sage ich.

„Ja", sagt er.

„Na gut, also, als wir gerade den Hügel hochgingen, lagen Kastanien auf dem Gehsteig, und ich dachte, wie viele Male werde ich noch in meinem Leben frisch gefallene Kastanien auf einem Gehsteig sehen, verstehst du?"

R. lacht auf, er lacht mich aus. Dann hält er inne und entschuldigt sich. Ich sage, dass es schon in Ordnung sei, darüber zu lachen, das habe ja schließlich auch ein komisches Moment. Wir wechseln das Thema und kommen

Minuten später wieder darauf zurück. R. sagt, er würde das Wort Midlife-Crisis nicht benutzen, er könne damit nicht viel anfangen. Ich sehe ihn kurz an und denke, dass er ein paar Minuten zuvor davon sprach, dass er sich in eben dieser befände, aber ich erinnere ihn nicht daran. Ihm das und mir die Kastanien.

Schönes Dorf

Wir waren in den Sommerferien an der Nordsee. Die Schwertmuschel, die früher nur vereinzelt zu finden war, hat sich dort so weit verbreitet, dass sie haufenweise herumliegt, und die Kinder füllten damit ganze Eimer. Sie soll 1976 im Ballastwasser eines Schiffes von Nordamerika in die Deutsche Bucht gelangt sein und ist seither ein fester Bestandteil der dortigen Fauna. Ähnlich verhält es sich mit den Touristen, den Billigfluglinien und Kreuzberg.

Vor fast fünfzehn Jahren habe ich einen Text über den Graefekiez geschrieben, die Gegend zwischen Hasenheide und Landwehrkanal, zwischen Kottbusser Damm und dem Urban-Krankenhaus. Ich verglich sie mit jenem gallischen Dorf, das sich erfolgreich zur Wehr setzt. Ich wohnte am Rand und fuhr hin und wieder hindurch und wunderte mich jedes Mal, dass es mitten in Berlin so ein nettes Etwas gibt. Nun wohne ich hier. Wir haben drei Jahre nach einer größeren Wohnung gesucht, in der es möglich ist, gut zu fünft zu leben. Zwischendurch gaben wir zwei Mal auf. Entweder waren die Wohnungen nicht bezahlbar, zu klein oder hässlich wie ganz Berlin. Dann suchten wir in anderen Bezirken, fanden auch nichts und merkten dadurch, dass wir dort bleiben wollten, wo wir sind: in unserer Gegend, die Kinder auf ihrer Schule und bei ihren Freunden, ja, ist doch schön hier, die beste Gegend aller Gegenden von ganz Berlin. Kreuzberg hat ungefähr hundertachtzig Kilometer Straße, und es musste doch möglich sein, auf einem dieser Kilometer eine gerade noch bezahlbare Wohnung zu finden! Und dann klappte es.

Die Häme, die ich früher hinter vorgehaltener Hand über jene auskippte, die aus ihren Dörfern oder Landstrichen nicht rauskamen, gebührt mir. Würde ich einem Brandenburger erzählen, wie lange ich schon hier lebe, könnte er sagen: „Wat bist'n du für eener? Kommst ooch nich aus deim Dorf raus!"

Ich lebe seit nunmehr fast zwanzig Jahren in Kreuzberg, es ist so lang, dass es schon etwas absurd erscheint. Ich habe ganze Straßen hässlich werden sehen. Ich bin in diesen Straßen älter geworden. Ich habe gesehen, wie sich ein ganzer Bezirk verändert hat, und ich kann den neidvollen Glanz in den Augen derer nicht mehr sehen, die davon ausgehen, ich wäre in einer Art Paradies zu Hause, in dem niemand mehr arbeiten muss, die Partys in andere Partys übergehen und die selbstgemachten Limonaden mit Rosmarinbüscheln aus dem Wasserhahn kommen.

Der Umzug lag eine Woche zurück. Wir hörten morgens ein Kind im Innenhof singen. Es schien dort allein zu sein und vertrieb sich die Zeit mit Singen. Ein Fenster wurde aufgerissen und ein englischer Muttersprachler hatte größte Mühe, den Konsonantenhaufen des ersten Wortes in die richtige Reihenfolge zu bringen, und weil er das bemerkte und seine Botschaft schließlich auch ankommen sollte, rief er ein zweites Mal, nun in korrekter und verständlicher Reihenfolge: „Halt's Maul!", und schickte nach kurzer Pause ein „Fotze" hinterher.

Ich spreche die Ladenbesitzerin an, die gerade Kleiderstangen auf dem Gehweg aufbaut. Sie hat keine Verwendung mehr dafür und möchte sie verkaufen. Über das Internet habe es nicht geklappt, nun probiert sie es direkt auf der Straße. Wir reden und reden, fangen bei den Kleiderstangen an, sprechen über Vertriebswege, über Panama, über die Veränderungen des Kiezes und sehen dann eine Weile auf die begrünte Fläche vor uns.

„Die mussten alle zahlen hier im Haus, das hab ich durchgesetzt, na guck, und jetzt haben wir einen schönen Garten. Und mittlerweile helfen auch ein paar beim Gießen."

Wir stehen vor dem Beet, wie man sagt, weil in Berlin jeder leere Joghurt-Becher ein Beet sein kann, und sehen auf die uns überragenden Stockrosen.

„Ist doch schön, nicht?"

Ich nicke und sage: „Ja."

Die Bäume in der verkehrsberuhigten und kopfsteingepflasterten Graefestraße sind größer geworden und die alte Kreuzberger Sonne etwas müder. Die, die hier schon länger leben, sind weniger geworden, die Möbel-Antiquariate sind verschwunden, weitere Restaurants, Bars und Kneipen haben eröffnet, und Menschen in meinem Alter bevölkern schon vormittags die Cafés. Die Hipster sind mittlerweile Eltern und sprechen mit ihren Kindern, als wären sie Erwachsene, und tragen noch immer diese infantilen Abgrenzungsklamotten, die es ihnen auch nicht leichter machen würden, mit Kindern wie mit Kindern zu reden. Wo früher das Restaurant Big Sur mit kalifornisch-inspirierter Küche Liegesitze aus Paletten gezimmert hatte, worauf junge Erwachsene Strohhalme zu ihren Mündern führten und sich vielleicht ein bisschen wunderten, dass der Ozean ausgestellt ist, reicht nun abends eine Menschenschlange aus einem Ramen-Restaurant. Sie verkaufen Suppen, und die, die sie löffeln, sitzen Schulter an Schulter. Das Schlawinchen, eine Kneipe in der Schönleinstraße, fast an der Kante zu Neukölln, die rund um die Uhr geöffnet hat und deren Inneres mit ihren an der Decke befestigten Instrumenten ein bisschen aussieht wie das Oberstübchen eines Alkoholikers nach dem dritten Bier des Tages, beherbergte früher die Profis aus der Nachbarschaft und hat nun ab Freitagabend die Wochenend-Amateure aus aller Welt zu Gast. Die alten Stammgäste leben längst woanders. Und doch hat sich in diesem Kiez etwas gehalten, was zwischen Funkturm und Müggelsee nicht sehr oft anzutreffen ist: Es ist eine angenehme Mischung aus neugieriger, offener Nachbarschaft, schroffem Desinteresse und einem alltäglichen Leben, das auf der Straße stattfindet. Und obgleich der Einzelhandel aus Läden besteht, die eigentlich niemand braucht, ist es immerhin Einzelhandel, der Postpakete annimmt und vor dem Kinder auf Decken ihr gebrauchtes Spielzeug verkaufen.

Man kennt sich. Zumindest ein bisschen. Der Graefekiez ist noch immer ein Dorf, ein sehr schönes Dorf. Ein Dorf allerdings, in dem es kaum noch alte Menschen gibt. Wenn wir hier dann alle dreißig oder vierzig Jahre älter geworden sind und der Kiez nur noch aus uns alten Menschen besteht und wir keine selbstgemachten Limonaden mehr trinken möchten, die Kinder längst aufs Land gezogen sind, weil Berlin dann wirklich das Allerletzte geworden ist und sie die Schnauze voll haben von dieser merkwürdigen Tristesse aus „arm aber sexy" und markigen BVG-Sprüchen, die das Defizitäre abfeiern, und sich unsere gelangweilten

Gesichter in Vitamin-Getränken spiegeln, wird das Urban-Krankenhaus vielleicht ein Pflegeheim geworden sein, damit wir auch alle in unserem Dorf sterben können. Bis dahin aber fahren noch viele Ausflugsschiffe auf dem Landwehrkanal durch Kreuzberg, auf denen den Touristen von Häuserkämpfen aus dem letzten Jahrtausend berichtet wird. Am nördlichen Ende der Graefestraße, wo das Dörfliche auf das Urbane des Kottbusser Damms prallt, befindet sich seit Ewigkeiten ein türkisches Café, vor dem ausschließlich Männer sitzen, die kaum reden. Sie sitzen und sehen und rauchen. Warum auch nicht? Es gibt Tee und auf der Straße hin und wieder Frauen, die wenig anhaben, und Männer, die Fummel tragen, und vielleicht ist zu Hause auch der Fernseher kaputt.

Neulich bin ich mit den Kindern in einen dritten Hinterhof gegangen, um ihnen zu zeigen, wie die Häuser hier früher überall aussahen. Wir sahen auf die hässlichen Gemäuer, und ich war etwas gerührt und dachte dann, was soll's, diese Stadt ist nicht mein Wohnzimmer, und selbst Wohnzimmer verändern sich, und wir, die wir immer wieder etwas über die Gegenwart maulen, haben auch alle etwas dazu beigetragen, dass es nun so ist, wie es ist. Ich bin in dieser Stadt verwurzelt. Durch meine Leitungen pumpt hundert Prozent reines Berlin. Ich kenne den Zungenschlag, ich kann bretthart berlinern und mag die Freundlichkeit, die noch nie eine war, an die sich Zugezogene mühsam gewöhnen müssen und sich irgendwann einreden, es wäre Charme oder irgendetwas kurz davor. Es ist schlichtweg die Verabredung, sich nicht weiter auf den Sack zu gehen. Als ich das erste Mal in den Kiosk ging, um Briefmarken zu kaufen, und dem Mann den Betrag passend auf den Tresen legte, nahm er das Geld und sagte, ohne mich anzusehen: „Dit stümmt so, kannst wiedakommen!" Ich hatte einen neuen Bekannten gefunden. Gehe ich sonntags zum Bäcker, stelle ich mich in die meterlange Schlange, und höre, wie eine fast verzweifelt, weil sie nur Spanisch spricht und die Bedienung nur Berlinerisch. Ich höre Schwaben Konsonanten lutschen, ich höre Bayern „Grüß Gott" sagen und wünsche mir, dass sie eines Tages an einen Busfahrer geraten, der das mit Gott in einem einzigen Halbsatz geraderückt. Bin ich dann endlich an der Reihe, hat sich hinter mir eine meterlange Schlange gebildet, und ich sage laut und deutlich: „Tach ooch! Zehn Schrüppen!"

Auf dem Rückweg von unserem Nordsee-Urlaub und den Schwertmuschelhaufen machten wir Halt in Bremen und besuchten für ein paar Tage Freunde. Sie wohnen zentral in einer stillen Straße. Bremen ist eine wunderschöne, unaufgeregte und relativ kleine Stadt. Zurück in Kreuzberg, stiegen wir die Stufen des U-Bahnhofs Schönleinstraße hoch, wichen ein paar Junkies aus und rochen diese wunderbare Mischung aus Zirkus und Jahrmarkt, die aus der Nussrösterei kommt. Vier Typen kamen uns entgegen, die mit ihrer Kleidung irgendwas zum Ausdruck bringen, was anders nicht zum Ausdruck kommen kann. Dann saßen wir abends in der Küche bei offenem Fenster und hörten von links Hardrock und von rechts afrikanischen Ethnopop, eine Lüftung röhrte leise, im Flur standen die noch nicht ausgepackten Koffer, und ich dachte, meine Fresse, sind wir denn bescheuert, was machen wir hier? Die Welt ist riesig, an vielen Orten besser, und wir sind noch immer hier? Und dann dachte ich: Na ja, so was wie Heimat, Keule.

An einem Sommerabend kam ich an einer Bar vorbei, vor der Menschen mit blinkenden Kopfhörern auf den wippenden Köpfen saßen. In dem Raum spielte eine Frau ein elektronisches Streichinstrument, das ich noch nie gesehen hatte, und ein Mann stand hinter den Turntables und bewegte die Regler. Nichts war zu hören. Durch die geöffnete Tür sah ich ihnen zu und gab mir eine ganze Weile Mühe, es scheiße zu finden. Dann ging ich neugierig hinein, nahm mir einen der Kopfhörer, bestellte eine Zitronen-Rosmarin-Limonade und setzte mich raus. Die Luft war warm und die Sonne sackte ab. Ich wippte nach einigen Minuten auch mit dem Kopf und dachte: Ja, ja, schon gut, ich gehöre genau hierher.

Koks

Es ist so lange her, dass es mittlerweile verjährt ist. Ich war jung, hatte etwas Geld, fand das Ganze lustig, und seitdem achte ich auf Betreff-Zeilen. Ich hatte Geld verliehen und es an zwei aufeinanderfolgenden Tagen überwiesen. Als Verwendungszweck schrieb ich „Geldwäsche 1" und „Geldwäsche 2". Ein paar Tage später klingelte das Handy. Frau F. von der Bank war dran, fragte mich nach meinem Namen, und als ich ihn bestätigte, fragte sie, ob ich etwas Zeit habe. Worum es denn gehe, fragte ich. Sie wolle es ganz kurz machen, ohne um den heißen Brei und direkt darauf zu, und fragte: „Sie haben bei zwei Überweisungen in den Verwendungszweck ‚Geldwäsche 1' und ‚Geldwäsche 2' geschrieben. Ist das richtig?"

Ich sagte, ja, das hätte ich gemacht.

„Herr Kuhligk", sagte Frau F. von der Bank mit ernster, etwas tiefer gelegter Stimme, „Herr Kuhligk, machen Sie Geldwäsche?"

Ich schwieg verdutzt, bis ich dachte, ich muss jetzt dringend etwas Klärendes sagen und sagte: „Nein, natürlich nicht!"

Herrgott, dachte ich, welcher Depp würde denn, wenn er, aber doch, na klar, es gibt Leute, die fahren mit ihrem eigenen Auto in Schaufenster, greifen sich dreißig Notebooks und rennen weg. Es gibt Staaten, die bombardieren andere Staaten und sagen anschließend: Wir waren es nicht.

Ich entschuldigte mich akkurat, ein dummer Scherz, es tue mir wirklich sehr leid, und natürlich wollte ich bei dieser

Bank bleiben und bei Frau F., die sich auch Sorgen um kleinere Beträge machte, und ich versprach, dass so etwas nie wieder vorkommen würde. Wir wünschten einander einen guten Tag und legten auf. Ich erzählte M. am nächsten Tag davon. Sie sagte, nein, das solle ich nicht machen, das gebe immer Ärger, kenne sie von Freunden. Sie selbst habe mal hundert Euro überwiesen und dazu „2 Gramm Koks" geschrieben. Sei aber nichts passiert.

Abgießen

Auf meinem T-Shirt steht „Phase 4" und ganz ehrlich, ich würde niemals Touristen angreifen. Vor einiger Zeit las ich einen Artikel über die unterschiedlichen Stufen der Gentrifizierung und im Speziellen über die vier Phasen, in die die Reaktionen derer klassifiziert werden, die dem ausgesetzt sind. Phase 1 beschreibt die Umverteilung der Einwohner, bei Phase 4 kann es zu Übergriffen auf Touristen kommen. Eine Weile war es Gespräch am Küchentisch, und wenn mich alles ankotzte, sagte ich nur noch „Phase 4". Dann schenkte mir meine Frau eines Tages dieses T-Shirt. Ich trage es zum Joggen. Vormittags, an einem Sonntag gegen zehn, hat sich eine lange Warteschlange in dem Ladengeschäft gebildet, das bis vor einem halben Jahr den einzigen ehrlichen Bäcker der Nachbarschaft beherbergte. Nun werden hier Backwaren verkauft, vor denen sorgfältig gefaltete, mit einem schwarzen Fineliner beschriftete Schildchen stehen und die nunmehr das Dreifache kosten. Die Besserverdienenden stehen Schlange, alles schlanke, sportliche Gestalten. Hinten in der Ecke, an einem der wenigen quadratischen Tische, sitzt einer, der hier schon früher saß. Seine Wangen sind unsauber rasiert. Er trägt ein breitgestreiftes Polohemd, das über seinem stattlichen Bauch spannt. Stumpf sieht er auf die Schlange, dann missmutig auf seinen Becher Kaffee, der ihm gerade gebracht wurde. Dann wuchtet er plötzlich sich und seinen Bauch zwischen Tischkante und Stuhl hervor, steht auf, balanciert den bis zum Rand gefüllten Becher, aus dem es hinausschwappt, von der Seite auf die Schlange zu und ruft „Achtung". Eine Lücke entsteht, durch die er in seinen Schlappen, die vielleicht neben seinem Bett übernachtet haben, auf den Verkaufstresen zugeht, den Becher über die Backwaren hält. Eine Stille entsteht. Der Mann sagt leise: „Abgießen, bitte!"

Freitag

Es ist Freitag früh in der U7. Ich habe wenig geschlafen, und das Wochenende ist zum Greifen nah und doch nicht greifbar. In der Nacht hat eine Bekannte ein Foto von sich bei Instagram hochgeladen. Sie sitzt auf einem vierrädrigen Monstermobil in der ägyptischen Wüste, zeigt das Victory-Zeichen, und ihre Oberschenkel glänzen. Wie schreibt man Berlin auf, denke ich, und welche Beziehung habe ich zu dieser Stadt? Wäre Berlin ein Mensch, wäre die Beziehung schwierig. Wäre Berlin ein Tier, auch. Diesen hier kenne ich, er ist ein alter Nachbar von mir. Als ich vor langer Zeit eine Einweihungsparty machte, stand er gegen drei vor meiner Wohnungstür und sagte: „So geht das nicht!" Er zitterte vor Erregung. Ich versprach ihm, die Fenster zum Hof sofort zu schließen. Er fuhr nachts Taxi und sah immer müde aus. Er sitzt in der U-Bahn, auch jetzt sieht er müde aus. Er liest konzentriert Voltaire und lacht plötzlich schallend auf, sodass der Waggon für einen Moment erstarrt. Neben ihm ein Jugendlicher. Mit der rechten Hand hält er seinen orangenen Rucksack fest, mit der linken zehn Zentimeter entfernt von seinen Augen das Buch *Durch die Wüste* von Karl May. Seine Lippen formen die Worte nach. Gegenüber von ihnen sitzt eine kleine, dicke Frau in einer Bluse mit Tigermuster. Sie trägt eine große schwarze Sonnenbrille mit einem breiten, beigen Rand. Auf ihrem Kopf sitzen Bügelkopfhörer. Ihre Mundwinkel hängen. Sie sieht ein wenig aus wie eine beleidigte Biene Maja. Man schreibt

Berlin auf, denke ich, in dem man es aufschreibt. Ich steige aus und treffe eine Kollegin. „Ich bin müde", sage ich.

„Mein Onkel", sagt sie, „hat früher bei einer Bank gearbeitet. Da gab's den Schladi und den Schlado, den scheißlangen Dienstag und den scheißlangen Donnerstag. Aber mit Freitag funktioniert das nicht gut."

Bürgermeister

Eine Weile kauften wir im gleichen Blumenladen ein. Dreimal stand er hinter mir an. Es fühlte sich jedes Mal merkwürdig an. Ein paar Mal sah ich ihn auf der Straße und habe mich gewundert, warum er alleine rumläuft, ohne Schutz, ein Mann, der Bürgermeister dieser Stadt war, Aufsichtsratsvorsitzender des Flughafens, der noch immer keiner ist, der die Party in die Politik gebracht hat und die Politik in die Party und eine öffentliche Haltung zur Homosexualität, die vielleicht wichtiger ist als ein Flughafen. Die Tür der U-Bahn öffnet sich und ein junger Mann zieht gerade sein Handy von Klaus Wowereits und seiner Gesichtshöhe zurück, während er sich bedankt, und als ich einsteige, sagt Wowereit „Bitte!" Dann steigt er aus, ein älterer, weißhaariger Mann im blauen Sakko und hellgrauer Hose, der im Gedränge des U-Bahnhofs Mehringdamm verschwindet. Ich rempele aus Versehen einen Mann an, entschuldige mich, doch er beansprucht im feinsten badischen Dialekt seine körperliche Unversehrtheit. Ich sehe ihn an und denke: Alter, leg dich nicht mit einem Stadtkind an. Du kommst aus dem Südwesten unseres Landes, aus einem dieser Dörfer, die von zwei Ortsausgangsschildern zusammengehalten werden, darüber Himmel, darunter saftiger Boden mit niedriger Bombardierungs-Dichte. Du kannst mir nichts! Wir haben die Unfreundlichkeit erfunden. Wenn es regnet, dann regnet der Regen unserer Laune entgegen. Wir können nichts, auch nicht hochdeutsch. In meinem Vorgarten, den ich nicht habe, sitzen Touristen und machen

Selfies. Um Ruhe zu haben, fahre ich ins nächste Bundesland, das noch uninteressanter ist als die Ostsee. Wir haben Oberförster wie Diepgen und Landowsky überstanden, wir haben einen Flughafen, der gebaut wurde, um zu verrotten, wir haben drei Jahre nach einer Wohnung gesucht. Fahre weiter, junger Mann, du wirst verlieren.

Fontane

Potsdamer Platz.

„Hier war neulich auch schon einer, der das gefragt hat. Welche Hausnummer noch mal? Ich komm aus Dessau, da ist mehr Goethe und so!"

„Nummer 16", sage ich. Der Mann dreht sich und zeigt dann auf die Rasenfläche, hinter der die Parkside Apartments stehen, die aussehen, als bestünden sie aus grauen überdimensionierten Legosteinen. Aber zum Anfang. Fontane wird am 30. Dezember so wie Gottfried Keller am 19. Juli zweihundert Jahre alt, was nicht stimmt, weil niemand zweihundert Jahre alt werden kann. Und weil die Schweizer wahrscheinlich so stolz auf Keller sind wie die Brandenburger auf Fontane, die Schweiz aber auch ohne Keller gerne bereist wird, gibt es überall in Brandenburg Projekte, Projekte, Projekte. Auch wenn das die Hauptstadt umschließende Bundesland Fontane für sich in Anspruch nimmt, so könnte es Berlin ebenso tun. Schließlich gibt es kaum einen anderen Schriftsteller, der diese Stadt so penetrant und vehement zu den Schauplätzen seiner Romane machte und Theater- und Kulturkritiken schrieb. „Theodor Fontane gelang", so fasste Erich Kästner 1959 zusammen, „was den großen ausländischen Meistern mit Paris, London und Petersburg gelungen war: Er schuf Berlin zum zweiten Male." Die Kultur dreht also rund im Fontane-Karussell, und wir drehen mit. Aber ich werde Ihnen weder ein Fontane-Gedicht schreiben noch einen Text, der mein Verhältnis zu Fontane klärt. Ich werde weder einem Tanztheaterstück beiwohnen, das sich mit seinen Frauenfiguren beschäftigt, noch werde ich mir Fotos ansehen, die Brandenburg abbilden, wie Fontane es sah. Ich fahre auch nicht in seine Geburtsstadt Neuruppin, in der im vergangenen Jahr eine Ausstellung von 500 Fontane-Figuren von Playmobil stattfand. Nee, nee, ich bleibe in Berlin und fahre zu Orten, an denen Fontane wohnte, und will nachsehen, was da los ist. Erste Station: Puttkamerstraße. Es ist einer dieser Tage in der Mitte Europas, an denen der Himmel aussieht, als hätte ihn jemand mit einer verdreckten Platte zugenagelt. Keines der Wohnhäuser Fontanes steht mehr. Entweder wichen sie anderen Häusern oder sie wurden im Zweiten Weltkrieg zerstört. An der Stelle der Hausnummer 6 steht ein ockerfarbenes Wohnhaus, das unscheinbar wirkt. An der Eingangstür hängt ein Zettel, der sich freundlich an den zuständigen DHL-Zusteller richtet. Nichts erinnert daran, dass hier Fontane – nach Jahren in Schülerpensionen, Dienstwohnungen und Mansardenzimmern und nicht zuletzt bei seinem Onkel August, dessen sozialen Abstieg er erlebte – und seine Frau Emilie kurz nach der Hochzeit 1850 die erste gemeinsame Wohnung fanden. Nach dem Einzug schrieb Fontane an seinen Freund Friedrich Witte „Nun, bis jetzt liegt kein Grund zur Klage vor." Das ist typischer Berliner Sound und bedeutet: Es geht uns sehr gut. Fontane hatte seine Tätigkeit als Apotheker eingestellt und machte erste Schritte als freier Schriftsteller. Doch die Einkünfte waren gering und eine in der Wohnung eingerichtete Schülerpension wurde ihnen zu anstrengend, sodass sie nach einem Jahr, nach der Geburt des ersten von sieben Kindern, von denen allerdings drei kurz nach der Geburt starben, in eine kleinere Wohnung in der Luisenstraße zogen. In der Nummer 35 findet sich heute ein Verwaltungsgebäude des Deutschen Bundestages. Auf der anderen Straßenseite stehen zwei Frauen unter zwei Regenschirmen und warten auf den Flughafenbus, der zum Alexanderplatz fährt. Die Spree Richtung Süden und Richtung Westen das Becken am Hauptbahnhof, der frühere Humboldthafen, liegen jeweils keine hundert Meter entfernt, und zu jener Zeit wurden die Abwässer noch direkt in die Gewässer geleitet. Es muss, wenn der Wind falsch stand, enorm gestunken haben. Weiter, rüber zum Potsdamer Platz. In der U-Bahn sitzen zwei junge Frauen, jede eine Flasche Bier in der Hand. Neben der einen steht eine aufgeblasene, waschmaschinengroße, goldene Luftballon-1, neben der anderen eine 8. Sie lachen nicht, sie quietschen. Das elfte Gebot lautet: Du sollst nichts Schlechtes über Jugendliche sagen. Auch sie wohnen da, wo andere Urlaub machen. 1857 hatte Berlin ungefähr 450 000 Einwohner, heute sind es mehr als 3,5 Millionen, und sie sind nicht schöner geworden. In der Bellevuestraße, in der die Fontanes zwei Jahre wohnten, wachsen Birken aus den Stahlplatten. Ich gehe in eines der Gebäude und stehe vier Menschen in Uniformen gegenüber. „Ich habe eine merkwürdige Frage", sage ich.

„Gibt's nicht!", sagt einer der Männer.

„Doch, wo stand das Haus von Theodor Fontane?"

Sein Mund strafft sich, und dann macht er ein Geräusch, als würde man das Ventil eines Reifens aufschrauben.

„Na, komm'se ma!"

Er steht auf, zieht seine Jacke über. Ein weiterer Mann kommt hinzu.

„Weeßt du dit, Theodor Fontane, wo der hier jewohnt hat?"

Der Mann denkt nach, weil er aussieht, als würde er es tun, und sagt dann: „Das muss mindestens fünfzehn Jahre her sein, dann wurde hier doch gebaut, oder?"

Ich folge dem Jackenmann, der sofort, als wir draußen sind, eine Zigarettenpackung aus seiner Jacke holt und sich eine Zigarette anzündet.

„Na ja, nich uneigennützig", sagt er und grinst. „Wir wissen ja einiges. Da vorne sind zwee Tafeln, kiek'n wa ma!"

Es sind keine Fontane-Tafeln.

„Ick sach ma so: Wenn der noch leben würde, dann würde der jetzt im Grünen wohnen." Der Mann weiß es nicht besser, was soll's, er ist nett und nicht zuständig für Stadtführungen. „Wo, meinen Sie, fährt der ICE Theodor Fontane gerade lang?", frage ich ihn. Er lacht und sagt: „Hannover, bestimmt Hannover!"

Wo heute die Reste des legendären Grand Hotel Esplanade stehen, finde ich später heraus, stand zuvor die Villa, in der die Familie Fontane eine Wohnung gemietet hatte.

„Die Droschken sind wohl noch da, aber man bemerkt sie wenig", so Fontane in einem Brief, „weil oft in einer einzigen Minute 6 oder auch wohl 10 elegante Pferdebahnwagen an einem vorüberfahren." Ein gelbes, überdachtes Bierbike, besetzt von sechzehn Frauen, die sich mittags schon Bier reinzimmern und dort leben, wo keine Bierbikes herumfahren, kommt an uns vorbei.

Nach der Rückkehr aus London, wo Theodor Fontane beruflich zu tun hatte, zog die Familie 1859, als Tempelhof noch nicht zu Berlin gehörte und sich nördlicher befand, in die Tempelhofer Straße 51. Auf diesem Grundstück, das nun zu Kreuzberg gehört, steht die Amerika-Gedenkbibliothek. Studenten, die jetzt Studierende sind, rauchen vor dem Gebäude und beobachten zwei Bauarbeiter, die keine Bauarbeitenden sind und eine Schubkarre mit Ziegelsteinen beladen. Die Metallschnüre werden vom Wind gegen die drei Fahnenmasten, die neben Fahrradständern stehen, geschlagen. Auf der anderen Seite des Parks haben Obdachlose ein Zeltcamp auf der Rückseite des freistehenden Hauses errichtet, in dem sich Ferienwohnungen befinden. Weiter in die Alte Jakobstraße 171. Hier zog die Familie 1862 in einen gerade fertiggestellten Neubau, ein vierstöckiges Vorderhaus mit zwei Seitenflügeln. Nun stehen an dieser Stelle Wiedervereinigungs-Plattenbauten, die genau so mies aussehen wie ihre Brüder und Schwestern weiter im Osten. Die Häuser bilden eine Hufeisenform, in der Mitte ein Flachbau, in dem eine Zahnarztpraxis untergebracht ist. Ich frage eine junge Frau, die einen Kinderwagen schiebt, ob ihr Fontane was sage. „Nö", sagt sie. Sie wedelt mit ihrer linken Hand, als wäre ich ein Insekt, das sie nervt, und geht zügig weiter. Aus dem Gebäude der Stresemannstraße 25 kommt eine ältere Frau mit ihrem kleinen schwarzen Hund, der sofort beginnt, an der Leine zu ziehen.

„Fontane hat hier …"

„Das ist richtig", unterbricht sie mich.

„Wohnen Sie hier?"

„Ich habe eine Freundin besucht."

„Haben Sie mal etwas von ihm gelesen?"

„In der Schule, warten Sie mal."

Sie kramt in ihrem Kopf nach, dann richtet sich ihr Ober-körper plötzlich auf und sie beginnt: „Herr von Ribbeck auf Ribbeck im Havelland, / Ein Birnbaum in seinem Garten stand."

Ja, gut, denke ich, den Anfang können viele. Doch sie macht weiter, erinnert sich von Zeile zu Zeile, von Strophe zu Strophe, ignoriert ihren Hund, der weiterwill. Und als sie fertig ist, sagt sie froh und etwas verblüfft: „Ich kann es noch! Wir mussten es in der Schule lernen. Tja, gelernt ist gelernt!"

Ja, vielleicht gibt es in dieser Stadt noch ältere Menschen, die ihre verbleibende Lebenszeit nicht damit verbringen, Mandalas auszumalen. Doch leider begegne ich der Frau gar nicht. Ich hoffe, dass es sie gibt und dass mehr als nur sie Gedichte von Fontane auswendig können. In Wahrheit ist es vor dem Haus, in dem Fontane zwischen 1863 und 1872 wohnte und das damals die Adresse Hirschelstraße 14 hatte, menschenleer und schweinekalt, weil es zu regnen anfängt und ein strammer Wind alles von den Straßen pustet. Autos fahren vorüber. „Die Kochstraße zog eine Grenze zwischen Stadt und Vorstadt; diesseits lag der Lärm, jenseits die Stille. (…) Die plötzlich beruhigten Nerven ließen erkennen, daß man aus der Zone des Rollwagens in die der schlafen-den Droschke getreten war." Die Stadtmauer stand noch, als Fontane hier wohnte, obwohl sie keine Funktion mehr hatte, da die Steuergrenze seit 1861 weiter draußen lag. Nach dem Bau der Berliner Mauer wurde die alte Stadtmauer abgerissen und ein kleiner Teil in den Achtzigerjahren im nördlichen Teil der Stresemannstraße rekonstruiert. Fon-tanes Zeit war die der Industrialisierung. Die Stadt wuchs stetig, vor den Litfaßsäulen standen Neugierige. „In langem Staunen", schrieb Fontane, „sah ich die Stadtbahn entstehen. Ich sah sie mit ihren kerbungsreichen Bogenviadukten wie eine riesige Raupe über die Hauptstadt kriechen."

Weiter in die Potsdamer Platz Arkaden. Sie sind hell erleuchtet. Mario Barth könnte hier jetzt auftreten, das Zielpublikum ist schon da. Ich spreche die Frau an, die in dunkelblauer Arkaden-Kleidung in dem Informationshäuschen sitzt und wahrscheinlich dreihundert Mal am Tag den Weg zu H&M erklärt. Ich frage sie nach Fontanes Wohnhaus. Sie stutzt und sagt: „Dit weeß ick nich!"

Sie lässt ihren linken Arm in der Luft stehen.

„Warten Se ma, ick guck nach!"

Sie öffnet eine der Schranktüren und wuchtet einen der drei Ordner auf ihren Schoß und blättert sich durch die leicht vergilbten Folien, bis sie einen mit Zahlen versehenden Plan findet. „Na, bei Douglas nach links, würde ick sagen. Probieren Se dit mal. Da is irjendwo 'n Schild."

Und ja, an der Außenwand der Arkaden, an dem Café „brammibal's donuts" hat die Theodor Fontane Gesellschaft eine Gedenktafel anbringen lassen: „Theodor Fontane (1819–1898) lebte von 1872 bis zu seinem Tode im Haus des Johanniter-Ordens Potsdamer Straße 134c" und darunter „… Zuletzt dann vorbei an der Bismarckpforte / Kehr' heim ich zu meinem alten Orte, / Zu meiner alten Dreitreppenklause, / Hoch im Johanniterhause – / Schon seh' ich grüßen, schon hör' ich rufen – / Aber noch fünfundsiebzig Stufen!" In einem Brief an seine Frau schrieb Fontane 1884: „Wie lebe ich denn in der Reichshauptstadt? Arbeit bis um 3, Mittagbrot, Schlaf, Kaffe, Buch oder Zeitung, Abendspaziergang und Thee. Von 365 Tagen verlaufen 300 nach dieser Vorschrift. Du denkst ‚ich wünsche es so'. Das ist aber nicht der Fall; ich dürste nach Umgang, Verkehr, Menschen, aber freilich alles muß danach sein und speziell die Formen haben, die mir gefallen, sonst danke ich für Obst und ziehe die Einsamkeit vor." Sonst danke ich für Obst und ziehe die Einsamkeit vor. Was für ein Satz! Hier also ist der Ort, an dem Fontane am 20. September 1898 gegen 21 Uhr starb, und würde ich ausharren und noch vier Stunden warten, wäre es genau 120 Jahre und sechs Monate her. Das Café sieht aus, wie ein Café in der Mitte Europas aussieht. Menschen sitzen sich mit Laptops gegenüber, die Bedienung ist ein Barista, der vielleicht auch Executive and Legislative Store Manager ist und drei Sprachen fließend spricht. Ein Gast hat Stöpsel in den Ohren und sieht einen Film auf seinem Smartphone, in dem gerade ein Haus explodiert.

Zentralrat

Ich war mit A. und M. in Kolumbien. Ich hatte, obwohl ich eine Reportage schreiben wollte, meistens, wenn wir unterwegs waren, keinen einzigen Kugelschreiber dabei, was eine besondere Leistung der Arbeitsverweigerung war. Manchmal gab mir A. ihren kleinen Bleistift, meistens gab mir M. seinen Kugelschreiber, der sehr schön aussah. Irgendwann, wir gingen wieder in ein klimatisiertes Café, um der Hitze auszuweichen, sah ich ihn mir genauer an. Er war schwarz, mit silbernen Umrandungen, und auf ihm stand: Zentralrat der Juden in Deutschland. Ich lachte auf. M. grinste und zuckte mit den Schultern und sagte, den habe er bei einer Sitzung mitgehen lassen, der lag da rum. Einen eigenen Stift vergaß ich weiterhin, und jedes Mal, wenn ich einen brauchte, sagte ich zu M.: „Kannst du mir bitte noch mal den Zentralrat geben?"

Der Stift lag gut in der Hand, ich machte damit Notizen, und wenn mir nichts einfiel, malte ich irgendwelche Flächen aneinander. Der Zentralrat und ich. M. bemerkte meine Zuneigung, und sagte: „Ja, super Stift!" Als wir uns Wochen später in Berlin trafen, in einer Rumpelpizzeria, einer Mischung aus Restaurant und Stehbierausschank, sagte er: „Ich habe was für dich" und legte den Zentralrat auf den Tisch. M. hatte eine Freundin gebeten, ihn mitgehen zu lassen. Nun hatte ich einen eigenen. Wieder zu Hause, wollte ich ihn aus der Manteltasche holen und fand ihn nicht. Er musste mir aus der Tasche gefallen sein. Ich rief „Bin gleich wieder da" in die Wohnung und zog die

Tür hinter mir zu. Zurück in dem Imbiss, sagte ich, ich hätte einen Kugelschreiber verloren, der mir sehr wichtig sei. Der Typ, der ein Palästinensertuch trug, baute sich auf und sagte nichts.

„Komm, wo ist der Stift?", sagte ich.

„Fünfzig Euro", sagte der Typ und grinste.

Ich zeigte ihm einen Vogel. Er gab ihn mir zurück und wir wurden keine Freunde.

Badehose

Die Tochter will unbedingt in ein anderes Freibad, und so fahren wir nach Lankwitz in das Freibad am Insulaner. Es ist warm, die Atmosphäre im Bad entspannt und als wir an dem kleinen Imbiss vorbeikommen, denke ich daran, wie wir hier früher in den Sommerferien oft für zwanzig Pfennig mit Ketchup gefüllte Brötchen kauften. Es schmeckte unglaublich gut, oder wie früher die Erwachsenen sagten: herrlich! Ich war hier oft mit meinem Grundschulfreund S., und an einem Tag blieben wir lange, das Bad hatte sich schon fast geleert. Auf der großen Wiese, die zu den Schwimmbecken hin sanft abfällt, saßen ein paar Meter entfernt noch zwei Mädchen auf einem großen Handtuch. Sie waren ein paar Jahre älter als wir. Ein weiteres Mal schallte aus den Lautsprechern die Aufforderung, das Bad zu verlassen. „Ey", rief eines der Mädchen rüber, „wir müssen gehen!" Wir hatten noch unsere nassen Badehosen an und hatten gehofft, die Mädchen würden rasch gehen, sodass wir uns unbeobachtet umziehen könnten. Sie blieben sitzen, sahen herüber zu uns und kicherten. Eine weitere Durchsage, und weiter unten gingen bereits die Kinder herum, die sich den nächsten Eintritt verdienten, indem sie den liegengebliebenen Müll mit Metallstangen aufpickten. Also legten wir die kleinen Handtücher, auf denen wir saßen, über unsere Hüften und zogen uns umständlich die Badehosen aus und die Unterhosen an, während das Kichern in ein Kreischen überging und wir fluchten. Als wir endlich die Unterhosen anhatten, packten wir die Handtücher in unsere Rucksäcke und standen auf, um die Jeans anzuziehen. Und während wir dort wie falsche Störche versuchten, mit den nassen Füßen die Hosenbeinöffnungen zu treffen, kicherten die beiden wieder, verstummten plötzlich und starrten zu uns herüber. Dann sagte die mit dem Pferdeschwanz zu S.: „Ey, dein linkes Ei guckt raus!"

Arbeit

Der 1. Mai kommt wieder. Wie eine feste Verabredung. Im letzten Jahr war ich den Tag über auf der Pfaueninsel und saß dann müde in der S-Bahn. Gegenüber zwei Mädchen, die sich herausgeputzt hatten. Sagte die eine: „Haste den Schlüpper ooch richtich rum an?"

Die andere quietschte auf und sagte „Und die Titten stramm wie 'n Stahlwerk!"

Und mit einem Schlag war die Erholung dahin, waren die Rufe der Pfauen verschwunden. Und dann redeten sie sich bis zum Alexanderplatz nur noch mit „Du Geschlechtsteil" an und kicherten. Ich fuhr weiter zum Kottbusser Tor und traf dort wenig später T. Wir suchten in der Dresdener Straße nach einer offenen Kneipe. Alles war verrammelt, in der Ferne hörten wir die Sprechchöre: „Ich hass Berlin, hass die Polizei!" Die Kneipe Schmitz Katze war geöffnet, Punkrock schepperte aus den Boxen. Wir setzten uns an den Tresen neben drei Typen, die auch die Finger tätowiert hatten. Einer drehte sich zu uns: „Na, Arbeit Jungs? Was macht ihr so?"

„Wir sind Schriftsteller", sagte T.

„Erfolgreich? Mittel? Wie heißt du?", fragte der Typ. T. sagte seinen vollen Namen. Der Typ zog ein Smartphone aus der Innentasche seiner Bomberjacke.

„Das google ich mal gleich!"

In seinem linken Ohrläppchen steckte ein großer weißer Ring, durch den man hindurchsehen konnte.

„Boah, das ist ja ein Name, da kommt zu viel!"

„Is' egal", sagte T., „Und du, was machst du?"

Die Musik setzte kurz aus. Draußen wurden die Sprechchöre lauter. „Ich hass Berlin, hass die Polizei!"

„Boah, hört mal, da steh'n die frisierten Jungs auf den Stufen und machen einen auf dicke Hose. Wenn denen das hier nich passt, können sie ja auch nach Hannover, oder?"

Wir zuckten mit den Schultern.

„Und was macht du?", wiederholte T.

Der Typ fixierte uns, überlegte kurz, rückte dann mit dem Oberkörper näher zu uns ran und sagte leise: „Na weißte, wir haben 'ne Firma für nix Konkretes."

Slam

Niemand hier bringt eine Coladose auf die Bühne und liest mit verstellter Stimme die Zusatzstoffe vor, niemand vergisst seinen Text oder entscheidet sich mittendrin, diesen Versuch doch lieber hier und jetzt und genau an dieser Stelle abzubrechen. Kein Lyriker steht hier mit zitternden Händen, liest ernste Gedichte, die Großes wollen, und merkt vielleicht erst am zaghaften, leicht schleppenden Applaus, dass er schlichtweg diese Tür mit der vom Literaturhaus verwechselt hat. Die, die hier stehen, sind Profis, sie wissen, wie welcher Effekt erzielt werden kann, an welchem Punkt das Publikum lachen wird. Es weiß um Gesten, Coolness und Erfahrung aus zweihundert Auftritten pro Jahr. Was klein anfing, ist zu einer Maschinerie geworden. Veranstaltungsagenturen, Werbepartner und eine große Öffentlichkeit haben Slam Poetry zu einem Verteiler für Stand-up-Comedy im Kleinen und der Pro-7-Arena im Großen gemacht. Die, die hier auf der Bühne stehen, haben kaum noch etwas mit denen zu tun, die damals auf der Bühne des Berliner Clubs Ex und Pop standen.

In den Neunzigern war ich einer dieser Typen mit den ernsten Gedichten, die ein paar Mal die Tür verwechselten. Es war enorm aufregend, vor einem Publikum zu stehen, das einen auspfeifen konnte, das die Daumen hob oder senkte oder gelangweilt mit den Schultern zuckte. In Hamburg belegte ich mal einen zweiten Platz und freute mich. Irgendwann war die Lust daran verflogen, und ich merkte, dass sich die Texte derer, die erfolgreich waren, sich in Form und Inhalt glichen, und ich wollte nicht mehr wissen, was irgendjemandem neulich passierte, als es an seiner Wohnungstür klingelte oder er gar auf die Straße ging. Zuletzt war ich als Zuhörer hier im Ritter Butzke vor ein paar Jahren. Ich war einer der Ältesten, hörte ein paar Wohnungstür-Geschichten und zwei gereimte Gedichte, die formal und inhaltlich in ihrer Unbedarftheit schon wieder eine Goldigkeit hatten. In der Pause ging ich, ich hatte genug.

Der Slam, der in den Neunzigern im Ex und Pop stattfand, wurde von Wolf Hogekamp moderiert und ihm begegne ich später, draußen auf dem Hof, nach dem Ende der Veranstaltung. „Du schreibst noch, wie ich mitkriege", sagt er, „das ist gut, mach mal weiter!" Wolf ist sowas wie der Berliner Pate des Poetry Slam. Er hat das Format 1994 in Berlin begründet, und drei Jahre später hat er die deutschsprachigen Meisterschaften im Poetry Slam ins Leben gerufen, die ein Riesending geworden sind und nun zum dreiundzwanzigsten Mal stattfinden. Überhaupt Poetry Slam: Er wird von denen, die Literatur schreiben und damit in den heiligen Olymp der Feuilleton-Blase aufgenommen werden wollen, verachtet und gleichzeitig bewundert, denn nirgendwo sonst lässt sich außerhalb von großen Festivals und Preisverleihungen ein konstant-großes Publikum zusammenbringen. Das Anti-Institutionelle des Slams hat längst den Weg in die Literaturhäuser gefunden, die Überlegungen, wie man das Unterhaltsame mit ernster Literatur koppeln kann. Die schnöden Wasserglaslesungen waren anderen Formaten gewichen, die womöglich ohne Slam Poetry nicht stattgefunden hätten. Es gab kaum Veranstalter oder Institutionen, die diese Veränderungen ignorierten. In den Neunzigern veranstalteten wir – diesen Ideen folgend – Lyriklesungen, ebenfalls an Orten, wo die Leute so oder so hingingen, in Kneipen, in Clubs, in Waschsalons.

Rebecca holt mich vom Eingang ab.

„Geht's dir gut?", fragt sie.

Sie fragt nicht: „Wie geht es dir?" Keine offene Frage, sie will keine umständliche Antwort. Sie will jetzt sicher nur gute Laune, ein gutes Gegenüber.

„Gut", sage ich.

„Brauchst du was zu trinken? Willst du dich setzen?"

Ich verneine und sage: „Alles gut."

Sie lächelt und sagt: „Ich bin sehr aufgeregt."

Ich sage, dass ich das verstehen würde, und sie solle bitte nicht auf mich achten und sich um sich selbst kümmern. Rebecca Heims wurde vom FZW Poetry Slam Dortmund für die deutschsprachigen Meisterschaften im Poetry Slam in Berlin nominiert, und eine der sechs Vorrunden findet im Ritter Butzke statt, einem Technoladen in der Ritterstraße, auf dem Gelände der ehemaligen Butzke-Werke. Zweihundert Leute sitzen dichtgedrängt unter Discokugeln und einer Lichtanlage auf Stühlen, weitere fünfzig stehen. Es ist seit Tagen ausverkauft, klar. Das Publikum hat ein Durchschnittsalter zwischen zwanzig und dreißig, es ist so alt wie die, die auftreten werden. Die Regeln sind klar und einfach: Die Texte müssen selbstverfasst sein, sechs Minuten Zeit auf der Bühne, nach fünf Minuten und fünfundvierzig Sekunden ertönt ein Signal, nach sechs Minuten wird laute Musik eingespielt, keine Verkleidungen, keine Hilfsmittel. Aus dem Publikum werden sieben Gäste zufällig ausgewählt, die als Jury Punkte zwischen 1 und 10 vergeben. Dann noch: Respect the poets, sei kein Nazi und putze zwei Mal täglich die Zähne. Drei der hier heute Auftretenden kommen in das Halbfinale.

Wir gehen in den Backstage-Bereich des Ritter Butzke, direkt hinter die Bühne, Treppe hoch, und dann stehen dort Lederpolstermöbel hinter niedrigen Tischen im schummrigen Licht, darüber wird eine zentriert-hängende Discokugel angestrahlt, die ihre Lichtpunkte im Raum verteilt. An einer Stirnseite steht ein kleiner Kühlschrank mit Glastür und leuchtet. Auf den Möbeln sitzen die, die auftreten werden. Ich setze mich neben Rebecca und frage in die Runde, ob die Nominierung für die deutschsprachigen Slam-Meisterschaften im Einzel für sie so ähnlich sei wie auf der Longlist für den Deutschen Buchpreis zu stehen. Sie wiegeln ab, nicht vergleichbar, viel kleiner, unbedeutender. Ich sage, klar, es gehe nicht um Bücher, es gehe um den Auftritt, doch man müsse es ja auch erst mal bis hierhin geschafft haben. Rebecca sagt, ja okay, das hier heute nicht, es sind zwar alle aufgeregt, aber wenn man es ins Halbfinale geschafft habe, das könne man vielleicht gleichsetzen. Alle, die hier sitzen, der Wettbewerb beginnt in ein paar Minuten, wirken ziemlich entspannt. Sie unterhalten sich über ihr Studium, über Erlebnisse aus dem Konfirmationsunterricht, einer erklärt, dass seine Eltern Marxisten seien und er sich erst durch sein Philosophie-Studium für Religion interessiert habe.

„Du hast Glück", sagt Rebecca, „heute ist viel Lyrik."

Einen Moment später sagt sie: „Also eher ruhige Texte."

Wir lachen. Rebeccas Texte sind nicht lustig, sie setzen sich mit Dingen auseinander, die jenseits der Treppenhäuser liegen. „Woraus wurde ich gebaut?" So beginnt ihr bekanntester Slam-Text, und es ist ein langer Text, in dem sie auf Spurensuche geht, an den Ort, an dem ihre Großeltern leben, eine Suche nach den Wurzeln, der Herkunft, die ehemalige deutsch-deutsche Grenze ist nah. Außerdem schreibt sie Gedichte, und in diesen Gedichten spürt man, wie sie mit der Sprache ringt, sie bearbeitet.

Wir kennen uns von einer gemeinsamen Lesung in einer kleinen Berliner Galerie. Rebecca wurde von der Kuratorin aufgefordert, jemanden aus einer anderen Generation einzuladen, und so wurde ich angefragt. Ich fühlte mich gebauchpinselt und während des anschließenden Gesprächs streckenweise wie Opa, der vom ersten kabellosen Telefon erzählt, und doch fanden wir einige Brücken, und es wurde ein guter Abend.

Wir stehen vor der Tür, die auf die Bühne führt. Noch eine Nummer, dann ist Rebecca dran. Die Stimmung im Saal ist aufgeheizt, die Wertungen der Jurymitglieder, die anderen zu niedrig erscheinen, werden ausgebuht. Nach dem Applaus gehen wir raus, an der Bühne vorbei. Rebecca positioniert sich seitlich der Bühne, neben die, die bereits gelesen haben, und die, die als nächstes dran sind. Sie umarmt ihre Freundin Leah, die bei der Agentur arbeitet, welche die Slams in Dortmund und Bochum organisiert. Rebeccas Auftritt naht. Sie geht einen Schritt Richtung Bühne, spannt ihren Körper, beugt sich dann kopfüber nach vorne, berührt mit den Händen den Boden und dehnt sich. Richtet sich wieder auf, lässt die Schultern kreisen, drückt die Brust nach vorne, schnauft. Von hinten streichelt Leah kurz ihren Rücken. Dann berührt Rebecca wieder den Boden, dehnt sich. Geht zurück zu Leah, umarmt sie lange, trinkt einen weiteren kleinen Schluck Wasser. Herrgott, was soll das werden? Boxkampf, Hundertmeterlauf? Ich würde am liebsten zu ihr hingehen und sagen: Mensch, du schaffst das, du machst das, du kannst das! Aber das weiß sie alles. Sie hat Erfahrung, sie weiß, was sie tut. Wieder einen Schritt vor. Sie drückt die Hände durch, spielt für einen Moment an ihren Ringen, spannt den ganzen Körper, atmet ein, langsam, geräuschvoll, atmet wieder aus, sie kreist mit dem Becken, wieder kurzes Dehnen, noch ein Schluck Wasser. Dann ihr Name: „Rebecca Heims! Begrüßt mit uns Rebecca Heims!" Applaus. Sie geht auf die Bühne, stellt mit zwei Handbewegungen die Höhe des Mikrofonständers ein, steht kerzengerade, sagt „Hallo", erklärt kurz, worum es in ihrem Text geht, und beginnt. Sie kann den Text auswendig. Sie gibt sich mit der linken Hand durch sparsame Bewegungen den Takt, manchmal unterstützt sie durch angerissene Gesten das, was sie sagt, und sie spricht klar, deutlich. Die Aufregung scheint völlig verschwunden zu sein oder sie hat sie kanalisiert, und diese Angespanntheit ist nun pure Konzentration geworden. An einer Stelle verhaspelt sie sich kurz, spricht weiter, sie ist Profi, klar. Rebecca leidet an Endometriose, einer Erkrankung, bei der sich Gebärmutterschleimhaut außerhalb der Gebärmutter ansiedelt – zumeist im unteren Bauch- und Beckenraum – und enorme Schmerzen verursacht. Sie berichtet offen und aufklärend auf ihrem Instagram-Account über ihre Leiden, die Behandlungen, die Operationen. Ihr Text heißt *Sym-*

ptom Schmerz und darin schreibt sie über ihre Schmerzen, über Therapie und unser Gesundheitssystem und im Besonderen über die Neuerungen, die der Gesundheitsminister Jens Spahn einführte und die uns um die Ohren fliegen werden. Nein, es ist kein einfacher Text. Sie bleibt in dem Zeitfenster von sechs Minuten, bekommt einen guten Applaus, der jedoch schon deutlich macht, dass sie nicht an erster Stelle stehen wird. Schließlich sind es Meisterschaften, ein Wettbewerb, es gibt die Jury, die Schilder hochhält. Aber vielleicht ist es auch egal, es war ein toller Auftritt, ein guter Text.

„Wie war es für dich auf der Bühne", frage ich sie später. Sie ist noch aufgeputscht.

„Das war wie in Salzburg bei den Meisterschaften. Ich bin rauf, wieder runter, was dazwischen passiert ist – keine Ahnung."

Sie wird umarmt, ihr wird auf die Schulter geklopft. Es ist ein gutes Miteinander unter denen, die hier auftreten. Zurück in den Backstage-Bereich, die Treppe rauf. Ich setze mich in das Licht des Kühlschranks, das Notizbuch auf dem Schoß.

„Wie lange noch mal?", fragt einer.

„Sechs Minuten", sagt ein anderer.

Ein Dritter sagt: „Kein Problem, Ich schreibe sowieso nur Vier-fünfundvierzig-Texte!"

Der Text, der an diesem Abend mit großem Abstand gewinnt, ist der, der am wenigsten wagt, der das Thema Verhütung behandelt und wie Männer damit umgehen. Ein Text, der keinem weh tut, der nirgendwo aneckt, womit jeder was anfangen kann, bei dem noch ein einziges Lämpchen im Kopf brennt. Ein Text, der Lacher provoziert und der auch jedem AfD-Wähler gefallen würde, weil AfD-Wähler zum Glück auch verhüten. Ein Text, bei dem man nach drei Sätzen schon wusste, wo die Reise hingeht. Ein Text für die Pro-7-Comedy-Arena. Als ich Rebecca darauf anspreche, sagt sie, klar, darum gehe es eben, die Leute kämen, um einen guten Abend zu haben, und der Gewinnertext habe die Leute extrem gut abgeholt. Nein, denke ich, klar, es geht hier nicht um Literatur, die schwierig ist, bei der man mitdenken muss, es geht einzig und allein darum, die Leute mittels Sprache zu unterhalten, mehr nicht, warum auch nicht, es tut niemandem weh. Es gebe, sagt Rebecca, eine Kluft und Auseinandersetzungen in der Slam-Szene zwischen denen, die unterhaltsame Texte schreiben, und denen, die politisch schreiben. Sie schreibe nun mal politisch, und damit sei es schwerer, Erfolg zu haben. Sie sieht mich an und sagt: „Ist doch wie in der Lyrik, oder?" Ich zögere, weil ich immer noch dem elitären Gedanken aufsitze und seit zwei Jahrzehnten darauf herumreite, dass Lyrik an sich schon eine hervorragende Sache ist, doch das ist Blödsinn. Ich habe eigentlich genügend fluffige Natur- und Liebesgedichte und genügend postmoderne Gedichte, die Nähe und Auseinandersetzung vermeiden, gehört und gelesen, habe genügend Lyrikauftritte gesehen, die unmotiviert mit elektronischer Musik unterlegt waren, dass ich vom Gegenteil überzeugt sein müsste.

„Es ist nicht wichtig", sagt Rebecca, „ich wollte diesen Text lesen, ich wollte damit aufklären, das ist mir wichtig."

Ich nicke. Was soll ich auch machen, außer nicken. Es ist klar, es ist wichtig. Rebeccas Text hat es zwar nicht ins Halbfinale geschafft, aber sie wird ihren Weg finden. Sie ist 23, klug, neugierig, ein bisschen stur, wie sie sagt, und sie kann mit Sprache umgehen. Poetry-Slam-Auftritte mache sie im Moment weniger, interessanter fände sie gerade Gedichte, auch wenn zu den Lesungen nicht fünfhundert, sondern nur zwanzig Leute kämen, aber die kämen dann ihretwegen und nicht wegen des Formats. Sie schreibe an einem Theaterstück. Und wenn das alles nicht klappen sollte, Plan B, würde sie Soziologie studieren und eben nebenbei schreiben. „da sind keine Fußstapfen, in die ich bereit bin zu treten", so beginnt ein Zyklus von Gedichten von ihr, den sie damals in der Galerie las. In diesen beiden Zeilen, die mich faszinieren, sind Abstoßung und Nähe sehr eng beieinander, und dazu kommt ein wunderbarer Trotz.

Wir verabschieden uns voneinander und ich gehe durch die milde Luft nach Hause. In der Küche schneide ich das Festivalbändchen vom Handgelenk, das ich bekam, um Eintritt zu der After-Show-Party zu haben. In einem riesigen Raum, gleich neben dem Ritter Butzke, war das Festival-Zentrum, und die Slammer, die an einem der anderen fünf Vorrunden-Slams teilnahmen, trudelten ein. Ein Buffet war aufgebaut, ein paar Stehtische, in einer Ecke standen Couchmöbel vor großen Monitoren, auf denen Computerspiele liefen. Später in der Nacht sollte noch ein Brunnen aus Pfefferminzschnaps eröffnet werden und ein DJ auflegen. Nein, lieber nicht, dachte ich, ich war hundemüde und kann von dem ersten schnurlosen Telefon berichten.

Nach einer kurzen Nacht klingelt am Morgen das Telefon. Eine Stimme sagt: „Einen schönen guten Tag, hier ist Herr

Ali vom Trendbarometer". Wäre ich ein erfolgreicher Slammer, würde vielleicht mein nächster Text mit genau diesem Satz beginnen. Der Text wäre exakt vier Minuten, fünfundvierzig Sekunden lang, nach dem dritten Satz wüssten alle, wohin die Reise geht, er würde eine inhaltliche Klammer haben und dort landen, wo er anfing, und er würde niemanden weh tun. Ich denke an Rebecca und bin mir sicher, sie würde darüber nichts schreiben.

Bruno

Die Zigaretten sind alle, die Musik ist gut, wir sitzen am Fenster. Und weil wir das erste Mal seit dreihundert Jahren einen kinderfreien Abend haben und trotz Müdigkeit die Wohnung verlassen haben, brauchen wir mehr Zigaretten. Ein Bekannter von C., der Psychotherapeut ist, legt traurige Musik auf. Sein Kumpel, ein Lehrer, tanzt dazu. Wir haben K. getroffen, der, nachdem wir über ihn sprachen, plötzlich in die Kneipe kam. C. trinkt das zweite große Bier, obwohl es eigentlich nur eins sein sollte, und sie sieht in ihrem Wer-der-Bremen-Pullover toll aus. Ich ziehe meinen Mantel an und gehe auf der Straße nach rechts. Der nächste Spätkauf ist gleich ein paar Häuser weiter. Drei Typen mit aufgepumpten Oberkörpern, die alle ein bisschen nach Gangster aussehen, stehen im Laden und begrüßen mich. Auf dem Verkaufstresen eine Spardose, auf der „Brunos Spardose" steht.

„Wer ist Bruno?", frage ich.

„Hier siehst du ihn!", sagt einer der dreien, „Bruno muss viel essen!"

An der Wand hängt ein Poster. Darauf ein mächtiger Hund, der auf der Admiralbrücke steht.

„Komm, hier!" Er zeigt mit dem Finger hinter den Tresen. „Da ist er!"

Ich laufe um den Tresen herum. Bruno liegt auf dem Boden und knurrt.

„Kannst ihn streicheln."

Ich streichele ihn.

„Bruno war auch schon in Filmen und hier!" Er zeigt auf Zigarettenblättchen, die „Brunos Papers" heißen und auf denen die Hundesilhouette abgebildet ist. Und weil ich bereits auf die aufgereihten Zigarettenpackungen sehe, fragt der, der hinter dem Tresen steht: „Was kann ich dir Schlechtes tun?"

Als ich wieder die Kneipe betrete, tanzen gerade der Therapeut und der Lehrer mit hochgestreckten Armen. Ich stelle die Zigaretten auf den Tresen, erzähle K. und C. von Bruno, und dann sagt K. mit seiner Stimme, die zu fortgeschrittener Stunde schnarrend wird: „Bruno kenn ich."

Gästeblock

Ich treffe P. in einer Pizzeria am Kurfürstendamm. Er wohnt dort um die Ecke und ist der größte Hertha-Fan, den ich kenne. Er leidet und flucht und freut sich. Wir reden über den Rechtsruck, der kein Ruck ist, sondern Zustand. Der Besitzer der Pizzeria kommt, P. stellt mich vor, und der Mann will wissen, wo ich wohne. „Kreuzberg." Er winkt ab und sagt, da sei er das letzte Mal vor ein paar Jahren gewesen, zu weit weg, zu aufwendig, da hinzukommen, und was solle er da überhaupt und sagt: „Du wohnst da eben." Nachdem wir bestellt haben, sage ich P., er sei eingeladen.

P. hatte über Kontakte zu seinem Verein eingefädelt, dass O., der größte aller kleinen Werder-Bremen-Fans, als Einlaufkind an der Hand eines Werder-Spielers in das Olympiastadion einlaufen durfte. Wir hatten uns Karten organisiert und standen ganz oben in der allerletzten Reihe des Gästeblocks, und feuerten erst O. und dann Werder an. C. ist Fan, seit ich sie kenne und noch viel länger schon. Anfangs foppte ich sie hin und wieder damit, doch als der Verein kurz vorm Abstieg war und sich wieder hochrappelte und in der nächsten Saison oben mitspielte, wurde auch ich Fan. In der Küche steht eine Werder-Bremen-Eieruhr, und sie spielt die Hymne, wenn die Eier fertig sind. Am Morgen nach dem Spiel stand ich neben der Uhr, noch immer euphorisiert, und brüllte schon wieder mit ausgestreckten Armen lauthals „Pizarro". Er hatte in der letzten Minute den Ausgleich gemacht.

Wir bestellen und kommen zurück auf die Lage der Nation. P. sagt, er habe hier vor der Europa-Wahl gesessen, auf eine mit AfD-Werbung beklebte Holzwand sehen müssen, und irgendwann habe er die Faxen dicke gehabt, sei nach Hause gelaufen, mit einer Säge zurück und habe das Ding gefällt. Als wir uns ein paar Stunden später verabschieden, sagt er: „Bleib sauber!"

Schatzsuche

Eines Tages schrieb sie unter eines meiner Fotos „Nehmen Sie mich mal mit?" Ich war verwundert und freute mich. Ich schrieb „Ja, gern" oder ähnlich Verdruckstes darunter. Einige Wochen später fragte sie wieder und ich antwortete auch wieder ähnlich. Was, herrje, wollte die großartige Ute Mahler von mir, der ich mit einer Kamera auf Pirsch ging, die ich kaufte, weil ich sie gerade in der Hand hielt, als mir in einem Elektronik-Markt der Geduldfaden riss? Ich war umgeben von Deppen, für die es ein Vergnügen zu sein schein, in diesem Laden Zeit zu verbringen, irgendeine fürchterliche Popmusik plärrte von der Decke herunter, ich war müde und unterzuckert, sah auf die Kamera, sagte leise „Scheiß drauf" und ging zur Kasse. Eine Woche später schrieb mir Ute Mahler eine Nachricht: „Ich freue mich mit Ihnen auf Schatzsuche zu gehen. Wie machen Sie das, haben Sie ein festes Ziel oder sind Sie spontan und steigen nach Intuition aus der S-Bahn aus?"

Ja, wie machte ich das eigentlich? Mal so, mal so, und immer anders, immer spontan, ich hatte nie darüber nachgedacht, wie ich es mache, aber immer irgendwie, das schon, und immer sowieso! Wir schrieben hin und her, und von Nachricht zu Nachricht wechselten wir Schritt für Schritt vom Sie zum Du. Dann waren wir verabredet.

Ich hatte bei Facebook eine Freundschaftsanfrage an Ute Mahler gestellt, und sie hatte sie angenommen. Hin und wieder hatte sie den „Gefällt mir"-Button bei einem meiner Fotos gedrückt und es freute mich jedes Mal. Ich fotografiere Orte, die mir begegnen, die ich skurril finde, die mich staunen lassen, die mich nicht weitergehen lassen, weil sie da sind, in Sichtweite, manchmal nur wenige Schritte entfernt, weil sie zu meiner Gegenwart gehören. Zumeist sind es von Menschen arrangierte Dinge, Rückstände des späten Kapitalismus, ohne jedoch auch nur einen einzigen Zweibeiner abzubilden. Eine leere Bowling-Bahn, ein trauriger Raucherraum, eine hässliche Küchenzeile, ein Parkdeck mit dem Hinweis zu einer Minigolf-Anlage, eine Tür, die nicht zu öffnen ist, gestapelte Kaffeetassen in einer Kantine, aufgereihte Mülltonnen. Es sind Dinge, die mich gleichzeitig faszinieren, irritieren und verwundern. Ich nenne diese Fotos, die ich auf Facebook und Instagram poste, „Schöne Orte", weil ich sie tatsächlich schön finde, weil in ihnen eine Schönheit ist, die nicht offensichtlich ist, die vielleicht hinter der Oberfläche steckt, und müsste ich ein theoretisches Etwas zu meinen Bildern zusammenbasteln, würde ich sagen, meine Fotos suchen auf der Kehrseite gegenwärtiger Urbanität die Schönheit im Hässlichen, im Banalen. Na ja, oder ähnlich.

Ich fuhr aufgeregt mit der S-Bahn Richtung Oranienburg. Ich hatte einen kleinen Rucksack dabei, und die Kamera hing seitlich an der Hüfte. Sehen so Menschen aus, die sich Fotografen nennen? Sehen so nicht eher Leute aus, die mit einer 10 000-Euro-Kamera und Zoomobjektiv im Berliner Zoo Nashörner fotografieren? Was soll's, dachte ich, ich sehe so aus, wenn ich fotografieren gehe. Ich wartete, wie verabredet, auf dem kleinen Parkplatz neben dem S-Bahnhof und dann fuhr sie mit ihrem Auto vor. Wir kannten uns sehr flüchtig von einer Preisverleihung, die Jahre zurück lag. Ich bekam einen Preis für meine Gedichte, sie war Mitglied der Jury, die einen Preis für Fotografie vergab.

„Wollen wir nach Nauen fahren?", fragte sie. Ich willigte sofort ein. Es war mir egal, völlig egal, wir würden überall etwas finden, ich finde immer was. Wir fuhren ein Stück auf der Autobahn, eine Front Pappeln stand links der Trasse, und der Wind ging hindurch. Ich dachte bei diesem Anblick, das könnte doch ein hervorragendes Bild ergeben, von links unten, wir müssten anhalten, quer über das Feld. Ach nein, ich sagte es nicht, wir fuhren weiter. Ich merkte, ich war jetzt Fotograf, so wie ich Fotograf bin, wenn ich losgehe, in Berlin ganze Straßen ablaufe, in jeden offenen oder nicht verschlossenen Hinterhof gehe, immer auf die Rückseiten, dahin, wo ich sonst nicht hinkomme, in Bezirke fahre, die mir fremd sind. Ich hatte umgeschaltet, ich war ganz Auge, zumindest bemühte ich mich darum: nichts entgehen lassen, alles sehen, nichts entwischen lassen. Aber wir waren doch gerade erst losgefahren. Ich merkte, dass ich sehr angespannt war. Herrje, Ute Mahler saß neben mir, jene Fotografin, deren Bilder ich sehr gut kenne, einige würde ich, weckte man mich mitten in der Nacht, ohne Anlauf oder Überlegung präzise beschreiben können. In dem Jahr, in dem ich geboren wurde, begann sie als freie Fotografin zu arbeiten. In den Achtzigerjahren arbeitete sie als Modefotografin unter anderem für *Sibylle*, eine in der DDR sehr populäre Zeitschrift. Ich fragte sie zu der OSTKREUZ – Agentur für Fotografen, die sie unter anderem mit Sibylle Bergmann, Harald Hauswald und Werner, ihrem Mann, kurz nach 1989 begründete, und zu ihrer Tätigkeit als Professorin in Hamburg. Welchen Stil sie am interessantesten fände? Ob sie das Zusammenstellen, Montieren von Fotos, wie es Andreas Gursky praktiziert, vertretbar finde? Sie gibt offene, vielleicht allzu typische Lehrerantworten, dass alles seine Berechtigung und seinen Wert habe. Klar, würde mich jemand, den ich nicht kenne, Vergleichbares in Bezug auf Gedichte fragen, würde ich ähnlich antworten.

Ute Mahler hat gemeinsam mit ihrem Mann eine Reihe mit dem Titel „Die Monalisen der Vorstädte" erarbeitet: junge Frauen, die sie in Berlin, Florenz, Liverpool, Minsk und Reykjavik vor der Kulisse urbaner Randgebiete fotografierten. Sie baten die Frauen, sich auf einen Hocker zu setzen und, ähnlich wie da Vincis Mona Lisa, ein Lächeln anzudeuten. Im Hintergrund Neubaugebiete, Brachflächen, prekäre Wohngebiete. Es sind zarte, verstörende Aufnahmen, die in ihrer den jungen Frauen zugewandten Formensprache die Oberfläche dieser Fotos zu durchdringen scheinen.

Wir fuhren nach Nauen und schlenderten durch die Stadt, machten Fotos. Auf der Straße kam uns in einiger Entfernung ein Mädchen entgegen. „Die sieht ja toll aus!", sagte Ute, und als wir das Mädchen erreichten, sprach Ute sie an, wie toll sie aussehe, und ob sie sich mal verabreden könnten, sie sei Fotografin, sie könnte ihr auch ein Buch von sich zeigen, und sie würde sie gerne porträtieren. Das Mädchen sagte zu und sie tauschten Telefonnummern. „Hast du ihre Haare gesehen, das sah toll aus!"

Ute war, als wir uns trafen, achtundsechzig Jahre alt, und sie war neugierig und offen. Die Welt ist groß, und wer sie fotografieren möchte, braucht den Blick, der weitersucht, immer weiter und der nicht davon ausgeht, dass irgendwann alles gesehen ist.

Wir liefen über ein Brachgelände, das an ein verlassenes Fabrikgelände grenzte. Ute entdeckte eine Struktur auf dem Boden und machte ein paar Fotos. „Sieh mal, das ist doch schön!", sagte sie.

„Fotografierst du jetzt?", fragte ich. Eigentlich wollte ich wissen, ob ich jetzt gerade neben ihr stehe, während sie eines ihrer großartigen Fotos macht, und ich, als Bewunderer und Zeuge, dabei und anwesend bin.

„Ich mache Notizen", sagte sie. Ich nickte, sagte eine Weile nichts, weil ich etwas Zeit brauchte, das Gesagte zu verarbeiten. Ich war auf der Jagd nach Fotos, und sie machte Notizen, nun ja.

„Du machst Notizen", sagte ich.

Sie sah mich aufmerksam an und sagte: „Mit der kleinen Kamera mache ich die Vorarbeit. Ich zeige Werner die Bilder, und wenn er es interessant findet, kommen wir wieder mit der großen Kamera. Das Material ist teuer."

Ich nickte wieder.

„Und dann macht ihr das Foto?", fragte ich.

„Ja. Meistens ist eine Aufnahme darunter, die gut geworden ist."

Ich nickte wieder, die Kamera aus dem Elektronik-Markt baumelte vor meinem Bauch. „Also", sagte Ute und lachte ein schönes offenes Lachen, „eigentlich streiten wir uns erst eine halbe Stunde, wie wir etwas fotografieren wollen, und dann machen wir die Fotos."

Was für ein Aufwand, dachte ich, aber klar, ich fahre auch, um Material für einen Text zu sammeln, sonst wohin. Sie ist die Fotografin und ich bin der Schriftsteller, der Nashörner fotografiert. Ich laufe nur vorbei und drücke ab und komme nur sehr selten an einen Ort zurück, um ihn zu fotografieren. Ich habe eine Ahnung davon, was ein gutes Foto ist, das Wissen darüber habe ich mir angelesen. Zu Hause steht ein großes Regal, gefüllt mit Fotobänden. Es gibt keine andere Kunst, keine andere Technik, die ich mehr bewundere als die Fotografie. Ich kenne meine Grenzen. Stehe ich an einem Ort, den ich unbedingt fotografieren möchte, merke ich manchmal, dass ich schlichtweg nicht weiß, wie ich ihn fotografieren kann. Ich mache Dutzende von Fotos und keines gelingt. Wir standen vor einer Reihe von Betonklötzen, ich ging auf und ab und sagte dann zu Ute: „Manchmal weiß ich, dass es ein gutes Motiv ist und wünschte mir, ich könnte zwei Meter höher sein, dann wäre es gut."

Sie sagte, dass man sich bewegen müsse, und sie habe in ihrem Auto immer eine ausfahrbare Leiter im Kofferraum. Also eine Leiter, dachte ich. Oder auch nicht, vielleicht ist die Realität manchmal auch einfach größer, klarer, komplexer, nicht zu fotografieren. Aber vielleicht ist das auch genau meine Grenze.

Wir bogen in einen schmalen, sandigen Weg ab, an dem sich kleine Werkstätten befanden, gelangten dann in einen großen Hof, in dem zentriert eine große Kastanie stand, direkt darunter ein geräumiger Hundezwinger, in dem ein ausgewachsener Schäferhund saß, der sich, als wir näherkamen, auf die Hinterläufe stellte und mit den Vorderpfoten an das Gitter lehnte. Wir fotografierten den Hund. Es war das erste Tier, das ich fotografierte, also ernsthaft fotografierte, mit dem Willen zum großen Bild.

Wir waren etwas erschöpft und saßen in einem Restaurant. Ich hatte mich bemüht, einen Verlag zu finden, der ein Buch mit einer Auswahl meiner Fotos machen würde. Ich scheiterte überall. Als ich Ute davon erzählte, sagte sie, es sei üblich, dass Fotografen ihre Bücher selbst finanzierten, und für ein hochwertiges Buch, das gleichzeitig auch eine Art Portfolio zum Anfassen sei, müsse man einen fünfstelligen Betrag aufbringen. Der erste nicht selbst finanzierte Katalog, den es von ihr und Werner gebe, sei 2014 in Verbindung mit der großen Retrospektive ihres Werkes in den Hamburger Deichtorhallen entstanden. Ich verabschiedete mich gedanklich von meiner Idee.

Vor einem Jahr traf ich Ute wieder, in Berlin, in der Galerie von Robert Morat, in der eine Auswahl der Fotos von Werner und ihr ausgestellt wurde. An dem Abend fand ein Werkstattgespräch statt, und die beiden erzählten, sich ihrer Bedeutung und Wichtigkeit bewusst, zurückhaltend, unprätentiös und dem Publikum zugewandt von ihren eigenen und gemeinsamen Arbeiten, ihren Lebensläufen, den Anfängen in der DDR, den Veränderungen nach 1989 und den gegenwärtigen Arbeitsmöglichkeiten. Nach der Veranstaltung redeten wir miteinander, und dann bat ich sie, mir ihr neues Buch zu signieren. Sie hatte kurz zuvor gemeinsam mit Werner ein Buch mit dem Titel *Kleinstadt* veröffentlicht, darin entdeckte ich zwei Motive aus Nauen. Sie war also mit Werner zurückgekommen, mit der großen Kamera. Ute schrieb mir in das großformatige Buch mit den Schwarz-Weiß-Aufnahmen: „Wir haben denselben Hund getroffen und fotografiert." Ich war vor zwei Jahren auf den Hund zugegangen und hatte ihn fotografiert. Ich hatte mich bemüht. Immerhin der erste Hund, den ich fotografiert habe, mit dem Willen zum großen Bild. Ute und Werner haben nicht nur den Hund fotografiert, der sich wieder, diesmal an anderer Stelle, aufgerichtet hatte. Die Kastanie und ihre Blätter nehmen fast die Hälfte des Bildes ein, links ein niedriges Haus, an das der Zwinger grenzt, darin der aufgerichtete Hund, der nicht nur Hund ist, sondern auch ein bisschen Mensch. Da ist es: von einer Kastanie beschützt, in einem Käfig, ein Wesen zwischen Hund und Mensch, das ruhig beobachtet, was ich hier mache, während ich es beobachte.

Zeit

Nachdem der Mann die Wasserflasche über den Scanner hält, mir den Betrag nennt und mir das Wechselgeld zurückgibt, fragt er: „Sammeln Sie Herzchenpunkte?"

Die Frau, die vor mir steht und gerade die Butter einsteckt, dreht sich um und sagt: „Herzchenpunkte, junger Mann?"

Ich sehe sie an. Sie ist ein paar Jahre jünger als ich oder hat sich gut gehalten oder wenig erlebt oder nur Erfreuliches.

„Brauch ich nicht", sage ich.

„Ist doch gut", sagt sie, „die habe ich auch im Herzen!"

„Der war gut!", sagt der Kassierer und zwinkert der Frau zu, die nun ihren Wanderrucksack, mit dem man sicherlich bei einer Achttausender-Besteigung bis zum Basislager gelangen könnte, zuschnürt.

Mit der Wasserflasche in der Hand stelle ich mich an die Bushaltestelle neben eine Frau, die etwas unruhig wirkt. Ich trinke einen Schluck, und sie geht ein paar Schritte zu dem Fahrplan, der an dem Haltstellenschild befestigt ist. Als sie wieder zurück ist, sagt sie „Fünf Minuten!"

„Ist doch überschaubar", sage ich. Ich hätte auch absehbar sagen können. Blech, was man redet, wenn man eigentlich nichts reden will.

„Meene Tochter, man, man, die hat 'n Freund, eenen Tach isse glücklich uff Erden, nächsten heulte se wie 'ne, ach ejal, fällt mir jetzt nüscht ein. Hab ick ihr 'n Ratjeber jekooft, ma kieken, ob dit hilft. Dit is rein schemisch,

130

wissen Se, und denne is Schluss. Wenn's nich jeht, jeht's nich, is doch janz einfach, oda?"

Ich nicke. Die Frau sieht mich abwartend an. Ich nicke noch mal. Ich werde dazu nichts sagen, das hat sie nun verstanden. Es beginnt zu regnen. Sie holt aus ihrer Handtasche einen durchsichtigen Plastikschutz, den sie sich mützengleich auf den Kopf setzt. Sie geht wieder zu dem Fahrplan, und kommt zurück.

„Zwei Minuten", sagt sie.

Ich nicke.

„Morgen wird die Zeit zurückjedreht, wa?"

Ich sage: „Das hilft bestimmt."

Sie sieht mich irritiert an und nickt.

Bier

Ich bin unsicher, ob es sie überhaupt noch gibt. Wir gehen zu dritt die Straße hinunter, und dann sehe ich den schmalen Biergarten wie eine Erscheinung aus der Vergangenheit. Da saßen wir vor fünfundzwanzig Jahren, tranken Guinness und freuten uns, weil es dort so völlig anders war als in allen anderen Kneipen und Cafés in Steglitz. Der Barkeeper ist derselbe wie damals, ich erkenne ihn sofort, und er hat noch immer – warum sollte sich das auch geändert haben – diesen penetranten Singsang in der Stimme, der kenntlich macht: Ich spreche hier, wie ich will, und ich spreche diese Sprache, die nicht meine ist, nur, damit ich Bier verkaufen kann.

Ich erzähle A. und F., dass ich nun komplett mit dem Rauchen aufgehört habe. Vor einer Weile war mir die elektrische Zigarette heruntergefallen und das gläserne Liquid-Reservoir zerbrochen. Ich stand für einen Moment da, starrte auf das kaputte Ding und dachte dann, dass es ein Zeichen sein muss, nun endgültig mit diesem Quatsch aufzuhören. Dann bekam ich eine Grippe, die mich bei dieser Entscheidung tragfähig unterstützte. Und seit ich nun nicht mehr rauche, sei ich abends ziemlich müde, gehe früh schlafen und würde auch früh aufwachen. Die beiden sehen mich an, als müsste jetzt noch der Clou der Geschichte kommen, und als nichts Weiteres kommt, sagt A., ja, um diese Uhrzeit sei er längst wach, und F., ja, bei ihm sei es ähnlich. War das nicht vorgestern, als wir Minibars austranken, Kette rauchten, über geparkte Autos liefen und es für Punk hielten? Der Barkeeper kommt und sagt: „Männer, wir haben ein ganz neues Bier, ein grandioses Bier!", und bei dem Wort „grandios" hat seine Zunge ziemlich viel zu tun. Wir bestellen ein Alkoholfreies und zwei Cola. Der Mann nimmt es still zur Kenntnis, wie man etwas still zur Kenntnis nimmt, was man für grundlegend falsch hält.

Arzt

„Kommen Sie früh, dann sind Sie früh dran. Wir vergeben keine Termine", sagte die Arzthelferin am Telefon. Es fühlt sich jetzt schon an, als würden wir hier seit drei Tagen sitzen. Der Mann, der so aussieht, als würde er seit drei Tagen die immer gleichen Bewegungsabläufe verrichten, läuft zwischen den gegenüberstehenden Stuhlreihen auf und ab. Auf seinem T-Shirt steht in bordeauxroten Großbuchstaben: „I'm a classy motherfucker". Er humpelt leicht und scheint Schmerzen zu haben. Der Mann, in den ich mehrere Male hineinpassen würde, der einen respekteinflößenden Nacken, ein fieses Gesicht und zahlreiche längliche Narben an den Armen hat, sitzt neben der Tochter und sieht interessiert auf das Tablet herunter. Die Tochter hat seit einer Weile das Boo-Spiel, und solange wir hier warten, darf sie es spielen. Boo ist ein virtuelles Haustier, das gesäubert, angezogen, gefüttert und gestreichelt werden muss. Sie hat Boo gewaschen und gibt ihm nun Gemüse und Muffins. Der Mann starrt auf den Bildschirm.

„Das ist Boo!", sage ich.

„Aha", sagt er, ohne aufzusehen. Ein angerissenes Grinsen geht über sein Gesicht.

„Yo", sagt er, „der hat aber ganz schön Hunger."

Die Tochter, ohne dabei aufzusehen, nickt. Ein kleiner Junge mit einem ausgewaschenen Star-Wars-T-Shirt tritt neugierig näher und stößt mit seinem zum Tablet geneigten Kopf gegen den des Mannes. Der Mann grinst ihn an.

Der Junge reibt sich den Kopf, starrt aber weiterhin auf den Bildschirm. Der Mann sagt „Das ist Boo."

Der Junge nickt und sagt: „Weiß ich."

So sehen wir eine Weile zu viert auf das Tier, das nun durch die Befehle der Tochter Seilspringen macht. Dann wird der Mann aufgerufen. Der Junge geht zu seiner Mutter zurück. Die Tochter stellt das Tablet aus, sieht mich an und fragt: „Was machen wir jetzt?"

„Wir warten", sage ich.

Klassentreffen

Ich sage A., dass ich aufgeregt sei. Sie lächelt und sagt: „Ich auch!" Wir gehen die Treppe hoch und sehen uns neugierig um. Der komplette erste Stock des Restaurants ist für uns reserviert: ein Raum mit einer Essenstafel in Hufeisenform, ein Vorraum, in dem ein paar Bistrotische stehen, und eine Außenterrasse.

„Du bist doch der, wegen dem die Lehrer immer gelbe Kreide benutzt haben, oder?"

Ich sehe die Frau erstaunt an, die mich anlächelt. Ich weiß nicht, wer sie ist. Ich nicke und lache dann ein verschämtes Lachen. Ich habe eine Farbschwäche, und wenn jemand mit roter Kreide auf die grüne Tafel schrieb, sah ich ganz genau nichts. Also gelb. Ich sage ihr meinen Namen und frage nach ihrem, der mir nichts sagt, der mich an nichts erinnert. Wir sind uns über einen Zeitraum von sieben Jahren fast jeden Tag begegnet. Wir hörten den gleichen Klatsch und Tratsch, wer mit wem und warum oder warum nicht mehr, standen auf demselben Schulhof, hatten dieselben Lehrer, vielleicht auch Überschneidungen in den Freundeskreisen.

Es sind fünfzig, sechzig Leute gekommen. Wir haben vor fünfundzwanzig Jahren Abitur gemacht. Hunderte Nachrichten, GIFs und Emojis waren vorausgegangen, bis sich B. und S. bereit erklärt hatten, den Abend zu organisieren, einen Tag festzulegen, allen Bescheid zu geben, und zuvor jene aufzuspüren, die nicht in den sozialen Netzwerken zu finden waren. B., der früher mit einem „i" am Ende abgekürzt genannt wurde, schrieb irgendwann, er nenne sich nicht mehr so und wolle mit seinem vollen Vornamen angeredet werden. Er hatte sich natürlich auch nie selbst so genannt, und so wurde er fast den ganzen Abend immer wieder mit seinem abgekürzten Namen angeredet. Er steht plötzlich vor mir und sagt: „Ich soll dich von meiner Mutter grüßen!"

Unsere Mütter waren befreundet, B. und ich waren Buddelkastenfreunde, und wir machten das Abitur auf derselben Schule. Was ich, wenn ich an B. denke, sofort erinnere: Eines Nachmittags traf ich ihn durch Zufall auf der Straße. Er erzählte begeistert davon, dass er den Besitzer des Kiosks davon überzeugt habe, für ihn ein Exemplar des Magazins vom Technischen Hilfswerk zu abonnieren, und B. versprach, es Monat für Monat bei ihm zu kaufen. Es hat mich damals ziemlich beeindruckt.

M. kommt auf mich zu. Ich erkenne ihn nicht gleich. „Kannst du dich an die Nacht am Checkpoint Charlie erinnern?", fragt er nach einer Weile. Er erzählt, dass wir an dem Tag, an dem der Grenzkontrollpunkt seine Funktion verlor und abgebaut wurde, dort waren. Wir sahen, wie um Mitternacht das Kontrollhäuschen von einem Kran gehoben und auf einen Laster gestellt wurde. „Nein? Immer noch nicht?", sagt er. Ich schüttele den Kopf, ich weiß es nicht mehr. Es hört sich ziemlich gut an. Wir hätten ein Visum bekommen, in dieser Nacht, das allerletzte vom Checkpoint Charlie. Wir seien auf die zwei Grenzsoldaten zugegangen, kurz nach Mitternacht, und hätten um ein Visum für Ost-Berlin gebeten. Sie sagten, es sei eh vorbei, zuckten mit den Schultern, stellten uns zwei Visa aus und sagten, das seien jetzt wirklich die allerletzten, und klappten das Stempelkissen zu. M. fragte sie, was sie denn jetzt machen würden. Sie sagten, sie würden jetzt nach Hause gehen, hier sei jetzt Schluss.

„Das war historisch", sagt M. und ich nicke.

„Hast du deins noch?", fragt er.

„Nein", sage ich.

„Schade", sagt er, „das war wirklich super. Ich habe es an der Wand, in meinem Arbeitszimmer."

Der Lehrer, den ich sehr mochte, und der eigentlich immer rauchte, lebt nicht mehr. Wir waren zwei Mal als Leistungskurs Politische Weltkunde bei ihm zu Hause eingeladen. An seinem Schlafzimmer hing ein gerahmter Zettel mit einem Zitat von Schopenhauer: „Eine Gesellschaft Stachelschweine drängte sich, an einem kalten Wintertage, recht nahe zusammen, um, durch die gegenseitige Wärme, sich vor dem Erfrieren zu schützen. Jedoch bald empfanden sie die gegenseitigen Stacheln; welches sie dann wieder von einander entfernte." Der Mann schien etwas von Beziehungen zu verstehen, so nahmen wir an. Im Flur, vor einem Ganzkörperspiegel, stand ein Tischchen, darauf lag zentriert ein Pflasterstein, der mit einem Band in Deutschlandfarben verschnürt war. Es sah aus wie ein Geschenk, ein deutsches Geschenk. Eine Kursfahrt stand an, und er hatte keine Lust mitzufahren, und so sagte er uns, er werde nicht mitkommen, wir sollten alleine fahren, wir dürften es aber niemandem sagen. So fuhren wir ohne Lehrer.

Ich sitze D. gegenüber an der Essenstafel und sage: „Kannst du dich an die Fahrt erinnern, an Prag?"

Er sagt erst „Ja!" und grinst, und dann eine Weile später: „Sag mal, wir waren in Budapest, nicht in Prag!"

Ich sehe ihn erstaunt an und sage: „War ich da mit?"

Er überlegt kurz und sagt: „Ja, ganz sicher. Wir waren sogar in einem Museum. Ohne Lehrer in einem Museum!"

Er lacht. Ich sage nach einer Weile, ich hätte so viel vergessen, auch Gesichter. Er zuckt mit den Schultern und sagt: „Normal!"

Kurz nach Mitternacht sitze ich mit J., D., K. und A. zusammen und denke für einen Moment: ein bisschen wie früher, und dann kommen doch noch zwei, drei hinzu, mit denen wir damals nichts oder nur wenig zu tun hatten. Je länger ich mit D. rede, desto vertrauter wird er wieder. Da ist sein Grinsen, das er wahrscheinlich auch noch in dreißig Jahren haben wird. Er ist Biologe geworden und hat sich beruflich auf die deutschlandweite Beobachtung von Zecken konzentriert. K. wollte, seit ich sie kenne, Schauspielerin werden, und sie ist es geworden. Ein paar Mal sah ich sie durch Zufall im Fernsehen. Manchmal sah ich den *Tatort*, wenn ich wusste, dass sie mitspielt. J. und ich haben uns zum Glück vor fünf Jahren wiedergefunden. Wir waren in der Schulzeit befreundet und sind es – nach jahrelanger stiller Pause – wieder. Ich besuche sie in Hamburg, und sie meldet sich, wenn sie ihre Mutter in Berlin besucht. Sie ist die Einzige, die mir vertraut ist. Wir teilen uns eine Pizza.

Mit nur wenigen findet das dämliche Spiel „Mein Haus, mein Auto, mein Boot" statt. Mit anderen auch: „Meine Scheidung, mein Burn-out, meine Jobsuche". Ich zahle Miete für eine Wohnung, ich war neulich paddeln und ich bin mit einem Carsharing-Auto gekommen, damit ich spät nachts auch wieder gut aus Dahlem nach Hause komme. Dahlem, warum eigentlich Dahlem? Irgendjemand hatte das Restaurant festgelegt, und nun sind wir da. Ich hatte A. abgeholt, die ein paar Straßen entfernt von mir wohnt. Auch sie hatte ich ein paar Jahre nicht mehr gesehen, und während wir auf der Autobahn fuhren und einen großartigen Sonnenuntergang sahen, erzählten wir im Schnelldurchlauf die Ereignisse der letzten Jahre.

K. sieht aus wie vor fünfundzwanzig Jahren, was nichts anderes als ein Kompliment ist. Er ist ins Erzgebirge gezogen und moderiert in Chemnitz bei einem Radiosender. „Ich mache genau das", sagt er, „was ich immer machen wollte. Ich quatsche die Leute zu, wie immer."

Er übernachtet heute bei seinen Eltern, in seinem alten Kinder- und Jugendzimmer, das nun ein Gästezimmer ist. In diesem Zimmer machten wir zweimal die Nacht durch und kamen am Morgen verquollen in die Schule. Wir spielten „Bundesliga-Manager", es war das erste und einzige Computerspiel, das ich je gespielt habe.

Einer kam später, als wir bereits zusammenstanden und B., der alles mitorganisiert hatte, eine kurze Rede hielt. Wir erkannten und begrüßten uns. Er sah nach vorne, hörte ein wenig zu, beugte sich dann zu mir herüber und sagte: „Was für ein krasser Laden! Warst du schon mal hier?" Ich verneinte und sagte, dass es halb so schlimm sei, man gewöhne sich daran. Er nickte und hörte B. eine Weile zu, beugte sich dann wieder zu mir und sagte: „Die ganzen Leute. Ich komme hier gar nicht klar." Eine halbe Stunde später war er nicht mehr da.

„Die legendären Partys, die wir da gemacht haben, Hammer! Die Platten habe ich alle noch. Da kamen immer so dreihundert Leute, Hammer! Das war echt geil!", sagt einer, dessen Namen ich nicht mehr weiß. Ich erinnere mich, dass er mit O. befreundet war. Ich sehe ihn an und denke, ich war keiner dieser dreihundert, ich wusste nicht mal davon, oder ich wollte nicht hin und habe es vergessen. Meine Partys waren andere. Wir waren weniger, und später kamen Leute von anderen Schulen dazu. Wir waren politisch, verzweifelt und kifften uns die Rüben hohl und waren uns sicher, es würde unser Bewusstsein verändern, und das tat es ganz sicher auch. Wir trafen uns am Schlachtensee und veranstalteten Bierathlon: Zwei Leute rannten mit einem Bierkasten los. Das Ziel war es, den See einmal zu umrunden und den Kasten währenddessen leer zu trinken. Nie kam jemand an. Wir sahen in die Sterne und überlegten uns, ob sich alles um uns dreht oder wir den anderen doch nur scheißegal sind. Fast jedes Wochenende erlebten wir dort die obligatorische Razzia. Eine Polizeikette rannte den Hügel vom S-Bahnhof hinab, und die, die was dabeihatten, warfen es weg und sprangen in den See.

Einige, auf die ich mich gefreut hatte, sind nicht gekommen. V., der nicht da ist, legte Groschen auf die Gleise, wartete, bis eine S-Bahn drüberfuhr, suchte die plattgewalzten Metallstücke zusammen und zeigte sie am nächsten Tag wie Trophäen in der Klasse herum. Jahre später, nachdem die Gleise stillgelegt waren, kamen O., der auch nicht da ist, und ich auf die Idee – wir hatten den Film *Stand by me – Das Geheimnis eines Sommers* gesehen – den Gleisen folgend, auf die V. Münzen gelegt hatte, aus der Stadt zu laufen. Wir liefen nach Brandenburg, schlugen unser Zelt auf einer Lichtung auf, ängstigten uns nachts vor den Geräuschen der Tiere, regneten am Morgen ein und aßen rohe Rostbratwürste, weil es uns nicht möglich war, in einem durchweichten Wald ein Lagerfeuer zu entzünden.

O. fehlt. Ich hatte gehofft, er würde auch kommen. Von C. höre ich, dass er nach Bayern gezogen sei und an diesem Wochenende Besuch von seinem Sohn habe. Er wohnte auf meinem Schulweg. Lange Zeit klingelte ich ihn morgens runter oder ging noch für ein paar Minuten rauf. An einem verschneiten Wintertag halfen wir einer Frau, deren Auto liegen geblieben war. Wir schoben das Auto an und sie betätigte den Anlasser. Nach einigen Versuchen klappte es. Sie drückte uns einen Zehner in die Hand, den wir teilen sollten. O. war einer der wenigen, der für ein Jahr in die USA ging. Als er zurückkam, war er siebzehn und hatte einen Führerschein. Er jobbte viel, kaufte sich ein gebrauchtes Auto, und damit fuhren wir nach Prag. Wir schliefen darin, morgens waren die Scheiben beschlagen, duschten in einem Schwimmbad und frühstückten in einem Hotel. Wir hatten D-Mark, und heute weiß ich nicht mehr, warum wir in seinem Auto übernachteten. Auf der Rückfahrt blieb der Wagen auf der E 55 liegen. Die Fernverkehrsstraße war damals der längste Straßenstrich Europas, wovon wir nichts wussten, da wir tagsüber nach Prag gefahren waren oder auch nicht darauf achteten. Im Dunkeln reihten sich Frauen, erleuchtete Wohnwagen und Schnellimbisse an der Straße. In einer Kurve verreckte der Wagen. Mit der Hilfe von drei Prostituierten und zwei merkwürdigen Typen, die allesamt plötzlich neben uns standen und ebenfalls unter die Motorhaube sahen, konnten wir den Wagen wieder starten.

Auf meiner Verabschiedungsrunde umarme ich K., die dieses schöne, dunkle, ansteckende Lachen hat, das mich, als ich es vor ein paar Stunden hörte, sofort an den Beginn der Neunzigerjahre katapultierte, sagt: „Mit dir habe ich das erste klassische Konzert meines Lebens gehört. In der Philharmonie. Ich weiß sogar noch, genau, es war ..."
Ich unterbreche sie schnell und sage: „Carmina Burana"
Sie schüttelt den Kopf. „Smetana. Die Moldau."
Es ist egal, es ist nicht wichtig. Ich umarme sie noch mal. Mit ihr umarme ich, so kommt es mir ein paar Tage später vor, auch die verlorene Unbedarftheit, die Erinnerungen, die vollständigen, die halben, die brüchigen, das pubertäre Pendeln zwischen der Nähe nach den anderen und dem Wunsch, für den Rest des Lebens ganz allein den Erdball zu bewandern, weil man es ja schließlich mittlerweile gekonnt hätte.

Es ist zwei Uhr nachts. Ich bin müde und auch ein wenig erschöpft. Ich war ein paar Stunden in meiner Vergangenheit, mit Menschen, die in meiner Vergangenheit am Leben sind, und an manche denke ich hin und wieder. Nun waren sie für ein paar Stunden in meiner Gegenwart. Die Gesichter haben sich verändert, die Körper. Einige haben Bäuche bekommen, nur wenige sehen so aus, als wären sie in ihrer körperlichen Entwicklung, was man in unserem Alter auch nicht mehr Entwicklung nennen kann, stehen geblieben und hätten sich nur die Haare an einigen Stellen grau gefärbt. Ich war ein paar Stunden in einem Raum mit Menschen, mit denen ich die vielleicht schwierigste Entwicklungsphase meines Lebens verbracht habe. Ich werde nicht mehr vergessen, dass ich zusammen mit K. in der Philharmonie war. Ich werde nicht mehr vergessen, dass ich mit M. in dieser Nacht am Checkpoint Charlie war. Ich habe Menschen wiedergesehen, die ich mochte und noch immer mag. Ich habe welche gesehen, die mir egal waren und es noch immer sind. Ich habe Menschen kennengelernt, die ich nicht kannte oder vielleicht nur vom Sehen. Ich freue mich darauf, sie alle in ein paar Jahren, vielleicht fünf oder zehn, wiederzusehen.

Kurz bevor ich gehe, machen B. und ich ein Selfie für unsere Mütter. Eigentlich machen wir es für uns. Schließlich sind wir da, wir sind zusammen da, es ist gut.

Adorno

Der Berliner Galerist Johann König sagte in einem Interview, dass seine Kinder es spannend fänden, wenn Michael Ballack ein Bild bei ihm kaufe. Dann sagte er noch: „Alles ab 2,40 Meter wird schwierig, weil es in New York nicht mehr in den Aufzug passt."

Nachdem ich das Interview gelesen hatte, dachte ich den etwas steilen Gedanken, dass es nicht möglich ist, einen Bestseller zu schreiben, wenn man die Besitzverhältnisse, in denen man lebt, grundsätzlich ablehnt.

Es ist Dienstagabend. Ich sitze in dem Café, in dem ich sitze, wenn ich schreiben sollte und keine Lust darauf habe. Das Café hat zwar WLAN, aber ich möchte das Passwort nicht kennen.

„Adorno ist auf der Bestsellerliste", sagt die Frau zwei Tische weiter zu dem Mann, der zehn Minuten über den Wohnungsmarkt in Berlin doziert, während sie ihre Oberschenkel streichelt, sich irgendwann krümmt und den Kopf in ihre Hände nimmt. Der Mann, der trotz der Wärme einen Kapuzenpullover trägt, verstummt und sieht sie irritiert an. „Adorno, kennst du den? Total verkopft", sagt die Frau.

Der Mann lehnt sich zurück.

„Na, was denkst du, klar kenne ich Adorno. Total verkopft."

Sie streichelt wieder ihre Oberschenkel und sagt: „Der hat getanzt."

Der Mann rührt mit seinem Zeigefinger in der Luft herum und sagt: „Ach was, Adorno hat nicht getanzt."

Der Mann macht weiter: Wohnungsmarkt in Hamburg, Peking, Rio, die Zusammenhänge, das große Ganze, er kennt die Welt und er wünscht sich, dass die Welt auch ihn kennt. Irgendwann, als der Mann zu den italienischen Immobilienpreisen abbiegt, steht die Frau auf und geht wortlos aus dem Café. So einfach ist das: Wir sind die erste Generation, die in Kapuzenpullovern alt wird, Männer erklären die Welt, Adorno ist auf der Bestsellerliste, es ist immer gut, den Ausgang zu kennen, und alles ab 2,40 Meter wird schwierig.

Bonnies Ranch

Eine Frau, die brüllend über den U-Bahnhof läuft, als kehrte sie ihr Inneres nach außen, kommt an mir vorbei. Ich trete ein paar Schritte zurück, sodass ich plötzlich neben einem Mann stehe.

„Bleiben Sie ruhig, passiert nichts!"

Er hat graue Haare, einen grauen Bart und trägt ein oft getragenes Sakko. In seinem Gesicht findet sich eine gutmütige Mischung aus Neugier und Freundlichkeit.

„Ich habe lange Zeit als Krankenpfleger gearbeitet, Karl-Bonhoeffer-Nervenklinik, Bonnies Ranch, kennen Sie das?"

Ich nicke. Das Brüllen wird leiser. Im Westen der Stadt aufgewachsen, kenne ich diesen Ort. Er diente vielen als Projektionsfläche für alles Großflächige, was man sonst nirgendwo in seinem Oberstübchen unterbringen konnte.

„Ich bleibe ruhig, und Sie brauchen keine Angst zu haben. Die Lautesten sind oft die harmlosen, na ja, manchmal auch nicht!"

Er lächelt.

„Die Klinik gibt es gar nicht mehr", sage ich.

„Seit ein paar Jahren nicht mehr", sagt er. „Ich war dort in den Sechzigern und Siebzigern. Das war auch eine merkwürdige Zeit, kann ich Ihnen sagen. Auf dem Gelände gab es sogar einen Friedhof. Da sind die Angestellten beerdigt worden. Und hinter dem Zaun waren die S-Bahngleise, da gab es Schlupflöcher drin, da sind die Süchtigen dann durch. Die waren stillgelegt, die Gleise. Das wurde Ho-Chi-Minh-

Pfad genannt. Die Süchtigen sind los und haben Panzersprit gekauft. Das war schon verrückt. Das wussten ja alle! Und direkt, das müssen Sie sich mal vorstellen, direkt hinter dem Zaun gab es einen Eisenbahner-Verein, alles Männer. Da stand noch eine alte Lokomotive rum. Die haben sich Uniformen angezogen, hielten Kellen in der Hand und ein paar Signale konnte man noch per Hand betätigen. Als ich das erste Mal durch den Zaun bin, stand ich da und dachte: Gehören die zu uns?"

Lesereise

Ein Sturm zieht über Deutschland, über den Norden und Osten, kippt Bäume um und legt den Zugverkehr lahm. Währenddessen schlafe ich nachmittags in einem Kölner Hotelzimmer den Schlaf der Erkälteten und überlege dann mit T. die Stellen in unserem Buch, die wir am Abend vorlesen werden. Es ist die erste Lesung aus unserem neuen Buch, und wir sind aufgeregt. Der Raum ist für zweihundert Menschen bestuhlt, es kommen zwanzig, und einer der Ersten fragt, ob wir es begrüßten, wenn er uns, während wir lesen, fotografiert. Wir nicken und sehen auf die hundertachtzig leeren Stühle. Draußen regnet es in Strömen. Die Frau von der Bibliothek ist sehr nett und sagt, dass es merkwürdig sei, so wenige Leute nur, na ja, man stecke da nicht drin. Und dieses fürchterliche Wetter, na ja. Na ja, sagen auch wir und zucken mit den Schultern.

Am nächsten Tag regnet es noch immer in Strömen, auch mittags noch, und so beschließen wir, schon jetzt nach Bergisch Gladbach zu fahren. Die Buchhändlerinnen, in deren Laden wir heute lesen werden, schrieben uns so nette E-Mails, sodass wir denken, dass eine Stadt, in der so freundliche Menschen leben, sicherlich eine schöne Stadt ist, auf die sicherlich auch die linksrheinische Sonne scheint. Der Bahnhof von Bergisch Gladbach ist sagenhaft hässlich und es nieselt. Wir gehen in einen Supermarkt, kaufen Obst und Säfte und fahren mit dem Taxi zum Hotel.

In letzter Minute hätten sie sich entschieden, doch zu unserer Lesung zu kommen und das Qualifikationsspiel der deutschen Fußballmannschaft sausen zu lassen. Sie seien sehr froh über diese Entscheidung. Sie selbst reisen sehr viel und würden Diavorträge in Seniorenheimen von ihren eigenen Reisen halten. Die Senioren würden schon immer fragen, wann sie wiederkämen. Die beiden haben die achtzig geknackt und werden im nächsten Jahr mit Hundeschlitten durch Lappland fahren.

„Das ist nicht schlecht, oder?", sagt die Frau.

„Nicht schlecht", sagen wir.

Die Buchhändlerinnen, die erkältet sind, nehmen die Einladung zum Abendessen, die der Programmchef des Verlages ausspricht, nicht an. Sie möchten lieber schlafen und schnell wieder gesund werden, auch die Buchmesse komme. Ich habe Kopfschmerzen, möchte essen gehen und nehme eine Tablette.

In der Nacht fahren der Programmchef und die Vertriebsleiterin zurück nach Köln. T. wird morgen Freunde am Niederrhein besuchen. Wir gehen zu unserem Hotel, bleiben kurz vor dem Zimmer „David Guetta" stehen und schütteln die Köpfe und gehen dann schlafen.

Ich bekam das Louis-Armstrong-Zimmer, das gegenüber von Richard Wagner liegt. T. bekam Beethoven im zweiten Stock. Ich liege im Bett, und es brummt, eindeutig. Oder ist das meine Müdigkeit, verbunden mit den Gedanken, die ich mir mache, ob ich morgen rechtzeitig nach Berlin komme? Wir haben Nachrichten gehört, dass der Bahnverkehr wegen des Sturms zusammengebrochen sei. Ich mache das Licht an. Ja, es brummt. Das Bett ist an zwei Stellen verkabelt, es lässt sich verstellen, die Kabel verschwinden auf der einen Seite im Bettkasten, auf der anderen im Boden. Es ist halb zwei und es brummt, und weiß ich erst mal, dass es tatsächlich brummt, brummt es noch lauter. Auf dem Flur schlagen alle paar Minuten Türen, und Rollkoffer werden über die Auslegware gezogen. Es scheinen Vertreter für irgendwas zu sein, die ihren nächsten Verhandlungsort ansteuern. Der Wecker ist auf fünf Uhr gestellt. Ich habe ein Taxi bestellt. Dann schlafe ich doch noch ein.

Es ist still zwischen den Hotelgebäuden, die Rezeption ist noch nicht besetzt. Ich stelle mich auf den Parkplatz. Aus der Dunkelheit kommt der Fahrer grußlos auf mich zu und greift mich unter dem Arm, als bräuchte ich Hilfe.

„Moment", sage ich.

Ich habe noch den Zimmerschlüssel und gehe zu dem Kasten, in den ich ihn werfen soll. Der Schlitz ist verschlossen und lässt sich nicht öffnen. Der Fahrer nimmt ihn mir aus der Hand und versenkt ihn auf der Rückseite in einem Spalt. Ich sehe ihn an, er nickt. Wird schon richtig sein, denke ich, was soll's, der Schlüssel ist weg, das Taxi ist da. Es fängt an zu regnen. Nach ein paar Minuten sagt der Fahrer „Sauwetter".

Ich stehe an dem sagenhaft hässlichen Bahnhof von Bergisch Gladbach und es nieselt. Ich habe Kopfschmerzen und nehme eine Tablette. Mit müden Pendlern, deren Schweigen sich angenehm in der S-Bahn ausbreitet, fahre ich zum Kölner Hauptbahnhof. Alle Züge würden nur bis nach Hannover fahren, doch auf der Anzeigetafel leuchtet das ersehnte Wort „Berlin". Als ich ein paar Minuten später wieder hinsehe, steht dort „Zug fährt bis Hannover", und dieser Zug hat Verspätung.

Im ICE setzt sich mir gegenüber ein Mann in Lederjacke und mit vernarbten Wangen. Er packt ein Baguette in der Form eines Baseballschlägers aus und isst es hastig. Dann sortiert er drei große weiße Tabletten neben seiner Wasserflasche, schluckt sie. Er setzt große Kopfhörer auf und stellt eine Musik in ohrenbetäubender Lautstärke an, die nach Zerstörung klingt. Er schläft sofort ein. Ich sehe mich um, alle Sitzplätze sind belegt. Ich überlege, ob ich ihn wecken und bitten soll, die Musik leiser zu stellen, doch bin ich viel zu müde, zu lethargisch, und zudem macht der pillenschluckende Mann mit seinem vernarbten Gesicht in seiner Kampfmusik hörenden und nunmehr schnarchenden Präsenz einen durchaus aggressiven Eindruck. Ich setze auch Kopfhörer auf und höre Heine, von Schumann vertont, von Fischer-Dieskau gesungen: „Ich grolle nicht, und wenn das Herz auch bricht". Draußen, was sonst, regnet es.

In Hannover ist der Bahnhof völlig überfüllt. Hunderte von Reisenden warten auf ein Weiterkommen. Viele sitzen auf ihrem Gepäck und starren ins Leere. Andere bahnen sich hektisch einen Weg durch die Menge. Zwei Warteschlangen ziehen sich durch das komplette Parterre des Bahnhofs und enden an den zwei Informationsschaltern. Warum, frage ich mich, stehen die da überhaupt an? Um dann, nach stundenlangem Warten, sagen zu können: Guten Tag, mein Name ist soundso, ich habe ein gültiges Ticket, ich will nach XY, wann fährt der nächste Zug? Andere stehen etwas abseits, traktieren ihre Smartphones oder telefonieren aufgeregt. Ich telefoniere auch und gebe Bescheid, dass ich den wichtigen Termin nicht wahrnehmen könne. Ja, vielleicht morgen, morgen vielleicht, wer weiß das schon. Ich schreibe C. eine Nachricht. Er arbeitet bei der Deutschen Bahn. Nein, auch er wisse nicht, wann es weitergehe, die Lage sei völlig unklar. Ich tippe nun auch auf meinem Gerät herum. Mitfahrmöglichkeiten von privater Seite gibt es keine mehr, zwei Bustickets für den nächsten Abend sind noch zu haben, Flughafen Hannover-Langenhagen nach Berlin, via Dresden, acht Stunden Fahrt. Ich gehe aus dem Gebäude und sehe hundert Menschen an einem Taxistand, an dem kein Taxi steht. Ich spreche sechs Frauen an, die diskutierend und rauchend im Kreis stehen. Blöde Sache, wo sie hinmüssen, ob sie eine Idee haben? Ja, blöde Sache, Hamburg und keine Idee. Egal, was komme, sie bleiben keine weitere Nacht in Hannover, notfalls wollen sie laufen. Sie drücken mir die Visitenkarte einer Pension in die Hand, drei Zimmer seien für sie vorgemerkt, dann hätte ich ja schon mal ein Dach über dem Kopf, und nennen mir einen Nachnamen. Sie verschwinden im Bahnhof, schimpfend und fluchend. Weil die Deutsche Bahn wie die Fußball-Bundesliga dem ganzen Volk gehört, schimpft eh der halbe Bahnhof. Und wie sollte man sich auch über ein Unwetter beschweren?

Ein Fotograf sagte mir mal, man müsse, wenn man das Objekt nicht fassen könne, in Bewegung bleiben, es umrunden. Ich umrunde den Bahnhof und bleibe vor dem Schild einer Autovermietung stehen. Vor dem Schalter steht eine lange Schlange. Ich warte zwei Stunden, bis ich an der Reihe bin.

„Ach, das tut mir sehr leid", sagt die Frau hinter dem Schalter. „Jetzt ist wirklich alles, alles weg!"

„Ich konnte schon die Reifen riechen", sage ich.

Nein, findet sie nicht witzig, und ihr Gesicht bekommt eine Mimik, die wunderbar mit dem dunklen Blau ihres uniformierten Blazers harmoniert. Sprüche und Witze, davon hat sie sicherlich genug für heute und morgen und das nächste halbe Jahr. Sie sieht erschöpft aus, und stellt ein Schild auf den Tresen „Komme gleich wieder". Es würden neue Autos gebracht werden, es dauere ein, zwei Stunden, nein, reservieren könne ich nicht, ich müsse hier warten, genau hier, dann sei es sicher.

Jeder, der ein Auto bekam, drehte sich um, rief den Namen der Zielstadt und die Plätze, die noch frei sind. Menschen, eigentlich habe ich für heute auch genug von Menschen, und denke ich nach dieser zerrütteten Nacht an eine dreistündige Autofahrt mit Small Talk, denke ich daran, besser alleine zu fahren. Alleine fahren ist aber auch ziemlich teuer. Eine Familie, ich nehme auf jeden Fall Kinder mit. Kinder immer zuerst, und da hinter mir stehen einige und verkümmern fast vor Langweile. Ich stehe und warte und friere vor Müdigkeit. Durst, Hunger, Toilette, müde. Nach weiteren zwei Stunden kommt ein Mann im Blaumann und legt drei Schlüssel auf den Tresen. Die Frau sieht mich an und sagt: „Gut, zwei sind schon weg. Bitte, nun Sie! Ich habe ein Cabrio."

„Ja, nehme ich", rufe ich.

„Ihre Papiere, bitte!"

„Äh, sagen Sie mal, was kostet denn bitte so ein Cabrio?"

„Schon gut", sagt sie und lächelt, „in Anbetracht der Situation berechnen wir Ihnen einen Kleinwagen."

Ich drehe mich um und rufe: „Berlin, eine Person!"

Die Schlange rückt geschlossen vor und alle heben die Arme.

„Ich habe Platz für eine Person."

Alle Arme senken sich.

„Eine Person."

Von der Seite kommt ein gleichaltriger Mann auf mich zu. „Ich habe keinen Führerschein. Nehmen Sie mich mit?"

Ich nicke und denke, so ein Mist. Er gibt mir die Hälfte des Mietpreises.

Wir gehen zusammen aus dem Bahnhof, in Richtung des Parkhauses.

„In Anbetracht der Situation sollten wir uns duzen. Ich bin Felix."

Wir bleiben kurz stehen und geben uns die Hand. Ich habe seit Jahren nicht mehr innerhalb von wenigen Minuten zwei Mal die Formulierung „in Anbetracht der Situation" gehört. Rechts hinten steht das Cabrio. Ich setze, nein, ich lege mich auf den Fahrersitz und stecke den Zündschlüssel ein. Felix öffnet das Navigationssystem, tippt Berlin ein und drückt auf Okay. Das System redet in Zimmerlautstärke und tschechisch mit uns, die Lautstärke lässt sich nicht regulieren, die Sprache nicht ändern und Berlin ist nicht unser Berlin, sondern das gleichnamige Dorf in Schleswig-Holstein.

Ein Angestellter der Autovermietung reinigt einige Parkbuchten weiter einen SUV. Wir bitten ihn um Hilfe. Er drückt herum, telefoniert, drückt, kommt nicht weiter, telefoniert wieder.

„Lassen Sie's gut sein", sage ich, „danke! Dann machen wir eben einen Sprachkurs!"

Er lächelt unsicher.

„Bist du schon mal Cabrio gefahren?", fragt Felix. Ich verneine, gehe zum Kofferraum, nehme eine Tablette.

„Wir können nachher das Verdeck runterlassen!"

„Können wir machen", sage ich. Es ist mir egal. Ich will nach Berlin, mit welchem Auto auch immer, nach Hause und dann schlafen.

„Ich dachte, so jung wie der Typ ist, kriegt der das schon hin. Die Jungen und Technik, das passt ganz gut!"

Felix nutzt sein Smartphone als Navigationsgerät, und so hören wir, während wir zur Autobahnauffahrt fahren, deutsch und tschechisch im Wechsel. Auf der Autobahn stellt er sein Smartphone aus. Er will nach Berlin, um seinem Vater beim Einzug in eine neue Wohnung zu helfen. Eigentlich habe er keine Lust, aber sein schlechtes Gewissen habe ihn so weit gebracht, dass er nun unterwegs sei. Felix ist Oberarzt in einer Klinik für Kinder- und Jugendpsychiatrie. Wir unterhalten uns über unsere Berufe, über älter werdende Eltern und älter werdende Kinder und deren Umgang mit dem Internet und Smartphones. Seine beiden Kinder sind noch jünger, und er hört neugierig zu, dass wir vor dem Abendbrot die Geräte unserer Kinder einkassieren, und dass, während sie schlafen und wir in der Küche sitzen und reden und es auf elf zugeht, noch immer die Nachrichten aus den Klassen-Chats Signale geben. Mir klappen die Augen zu, und ich rede und rede, um nicht einzuschlafen, irgendwas, immer wieder irgendwas, egal, Felix macht mit. Noch hundertfünfzig Kilometer bis Berlin. In Anbetracht der Situation, denke ich, ist die derzeitige Situation eine, in der ich innerhalb kurzer Zeit ungeheuer viel Blödsinn rede und mit einem Oberarzt für Kinder- und Jugendpsychiatrie in einem tschechisch-sprechenden Cabrio zum Kleinwagenpreis kriminell übermüdet auf Berlin zufahre.

Dann sage ich: „Pause! Ich kann nicht mehr!"

„In einer halben Stunde, ja?"

„Pause. Ich brauche einen Kaffee."

„Ich will schnell zu meinem Vater. Ich wollte schon gestern bei ihm sein. Er braucht meine Hilfe."

„Verstehe ich", sage ich, „trotzdem Pause."

Auf dem Parkplatz der Autobahnraststätte stehen einige Taxis aus Hannover, davor Fünfer-Gruppen. Dahinter ein vom Sturm gefällter Baum. In meiner Fantasie steht über Berlin eine mächtige Rauchsäule, und entwurzelte Bäume liegen auf den Straßen. Unser Cabrio wird angestarrt und wir werden angestarrt, weil wir die sind, die aus diesem Auto stiegen. Wir trinken Kaffee, und ich nehme eine Tablette gegen den Schüttelfrost.

Kurz vor dem Berliner Hauptbahnhof versperrt uns ein Mann die Straße und beschimpft uns und unser Auto ausgiebig, Luxuskarre, scheiß Reiche, ausräuchern, Penner. Wir geben das Auto ab und verabschieden uns. Zwei lange Schlangen stehen bei den Informationsschaltern. Als ich endlich wieder zu Hause bin, ist niemand da. Nach einer halben Stunde klingelt es an der Tür. S. und seine Tochter N., die uns für einige Tage besucht haben und heute früh wieder zurück nach Bremen wollten, sind zurück. Wir lachen, und S. sagt: „In Anbetracht der Situation", und ehe er weiterreden kann, sage ich: „Ich hole uns Pizza! Kommt rein!"

Dank

Mein herzlicher Dank gilt denen, die mich in diesen Texten begleitet haben.

Ein besonderer Dank gilt Ulrich Gutmair und Julia Lorenz, die einen großen Teil dieser Texte in der Rubrik „Berliner Szenen" in der *taz* veröffentlichten.

B. K., im Frühjahr 2020

Der Autor

Björn Kuhligk wurde 1975 in Berlin geboren. Er arbeitet als Buchhändler und freier Autor von Gedichten und Reiseberichten. Er schreibt regelmäßig Glossen und literarische Reportagen für die *taz*, *Zeit online* und *Das Magazin*. Zudem war er Redakteur der Literaturzeitung *lauter niemand*, leitete von 2006 bis 2009 die Schreibwerkstatt „open poems" am Haus für Poesie und von 2015 bis 2017 das Lyrik-Schreibzimmer am Literaturhaus Frankfurt. Zuletzt erschienen der Lyrikband *Die Sprache von Gibraltar* und das Fotobuch *Schöne Orte*. Für seine Literatur erhielt er zahlreiche Auszeichnungen, zuletzt den Arno-Reinfrank-Literaturpreis. Björn Kuhligk lebt mit seiner Familie in Berlin.